JN438706

# 종지봉

김명숙

# 종지봉

김명숙 수필집

수필과비평사

## | 서문 |

십여 년의 흔적을 쟁여놓았던 곳간을 열자 생김새도 들쭉날쭉하고 질량도 제각각인 곡물들이 쏟아졌다. 거두어들일 당시에는 모두 쓸모가 있으려니 하고는 한 알 한 알 쌓아둔 것들이다. 되새김질하는 반추동물처럼 다시 하나하나 들여다보자니 지난 시간들이 되살아나는 듯했다.

그렇지만 멋모르고 들어선 창작의 뜰에서 익지도 않은 열매를 거둬들여 놓고는 혼자만 그득함을 느꼈던 것은 아닌지 새삼 얼굴이 달아올랐다. 이번에 빛을 보일 요량으로 염도를 높인 물속으로 하나둘 담그자 묵직하게 가라앉는 알곡은 드물고 가볍게 떠오르는 것이 대부분이었다.

흔히 글도 늙는다거나 나이를 먹는다는 말로 최근의 것만 활자화해야 한다고 여기기도 하지만 나의 생각은 좀 다르다. 태양의 기울기에 따라 사물의 표정이 달라지듯이 시간의 흐름에 따라 우리의 삶의 모습도 변한다. 그때마다의 여흔은 한 사람의 역사가 되고 개인에게는 매우 소중한 유산이 될 수도 있다는 생각 때문이다. 그래서 나는 오래전의 모습도 고스란히 남기려 한다.

지난 것들이 대개 잊힌다고 해도 내가 남긴 발자국은 나의 기억 속에서 지울 수는 없을 것이다. 다소 서툴고 시대성도 떨어질 수 있겠으나 그 나름의 맛이 있지 않을까 한다. 내가 한때를 어떻게 살아왔는지 무슨 생각을 했는지 등을 알 수 있는 바탕이 될 것이기에 그렇다.

더구나 나에게 있어서 첫 수필집인지라 그간의 글들을 묶는다는 의미가 크다. 그러므로 최근의 글만 고집할 수 없었다. 다만 글 말미에 창작 연도를 표기해 시대성을 감안하여 이해를 돕고자 하였다.

수필의 특성상 알게 모르게 자신을 드러낼 수밖에 없음을 인정한다. 한 편일 때는 잘 모르겠던 것이 함께 모아놓고 보니 온통 발가벗겨지는 듯한 느낌이다. 특히 행동반경과 사고의 폭이 좁은 탓에 고향, 부모, 자식에 깊이 함몰되어 있다는 점도 눈에 거슬린다. 하지만 자신의 모자라는 점을 들여다볼 수 있었던 것은 큰 소출이다.

쭉정이는 불 놓고 알맹이는 거둬들이라고 했지만 고르고 골라도 구분이 쉽지 않다. 쭉정이들 속에 실한 알곡이 하나라도 있기를 소망한다. 한 알이라도 어느 마음에 닿아 뿌리를 내리고 싹을 틔울 수만 있다면 더 바랄 것이 없겠다. 한 편이 아니라 한 구절이라도 생명력이 있다면 이후 나의 글밭을 가꾸어 나가는 데에 밑알이 될 것이다.

적당한 때라는 것은 결국 마음먹고 실행에 옮기는 때가 아닌가 한다. 이런저런 연유로 망설이던 걸음을 뗀 것은 격려와 도움을 준 분들 덕분이다. 특히 시간의 극빈자로 살면서도 성심껏 졸고를 매만져 준 산내 선생과 무한한 지지를 보내 준 미카엘 선생께 큰 빚을 졌음을 밝혀 둔다.

2016년 구월의 끝자락에

김명숙

| 차례 |

## 4부 일병의 전화



## 5부 마루



## 6부 문설주



■ **출간을 축하하며**

## 1부

# 편지 대필

편지의 내용을 불러주는 동안에도 어머니는 당신의 생각을 정리하며 여러 번 수정하기를 반복했다. 그렇게 받아쓰기가 끝나면 쓴 것을 읽어보라고 했다. 그러고도 어느 대목을 더 고쳐야 할지 고심하고 또 고치기를 반복했다. 퇴고를 몰랐던 어머니였지만 그 본질을 잘 알고 있었던 셈이다.

# 편지 대필

어머니는 왜정 때 보통학교를 1년도 채 다니지 못한 것이 정규 교육의 전부라고 했다. 학교에 갔던 어느 날 '오빠가 중간에 데리러 왔다.' 고 한다. 그 후 학교의 문턱을 다시 밟아보지 못한 어머니는 글을 제대로 몰랐다. 받침이 없는 글자는 겨우 알아봤지만 받침이 복잡한 글자는 제대로 읽지 못하였다.

오일마다 단양읍내에 서는 장에 갈 때면 글을 모르면서 어떻게 버스를 타는지 궁금하여 여쭤본 적이 있다. 어머니는 비법이라도 되듯 '고수' 자만 보면 안다고 하였다. 고수동굴 못미처에 내리면 되니 '고수'로 시작하는 이정표를 보고 버스를 탔던 것이다. 그래도 집으로 오는 버스를 잘못 탄 적이 없었다.

그랬던 어머니는 일찍부터 나에게 편지쓰기를 가르쳤다. 당신의 한 때문에 자식들은 무슨 일이 있어도 가르쳐야 한다는 높은 교육열과는 거리가 먼 이유에서부터 시작되었다. 가르침을 의도한 것은 아니었을지라도 어머니의 이 방법으로 하여 나는 쓰는 것에 눈뜨지 않았을까 싶다.

복숭아도 빛 좋은 것은 내다 팔고 벌레 먹은 것과 썩은 것을 도려내고 먹었으며 변변한 옷도 없이 어머니는 푼돈을 모았던가 보다. 그 돈을 자식들 교육비나 살림살이 또는 옷을 사는 데 썼다면 우리도 시골에서 조금은 사는 축에 들었을 것이다. 그러나 어머니는 아버지 몰래 지인들에게 빌려준 뒤 이자 몇 푼을 받아 불리려 했던 모양이다.

돈이라는 것이 앉아서 빌려주고 서서 받는 법이다. 그 무렵 어머니에게서 간혹 듣던 말이다. 뒷간 가기 전과 다녀온 후 사람의 마음이 변하는 것을 어머니는 겪어보고도 본인은 정작 몰랐던 것일까. 빌려준 돈을 제때 받지 못해 애를 태우던 것을 어렸던 나도 가끔은 알아챘으니 어머니는 남몰래 속깨나 끓였을 듯하다.

아버지가 안 계신 틈을 타 어머니는 은근한 목소리로 나를 방으로 이끌었다. 겨우 글을 떼어 서툴게 글자를 쓰는 어린 딸을 방바닥에 엎드리게 하고 불러 주는 것을 받아 적게 하였다. 그때 받아쓰기한 내용은 온전히 떠오르지 않지만 주로 이러했을 듯싶다. '그간 댁내에 별고 없으신지요? 뵌 지가 오래되어 한번 가야지 하고 또 세월이 흘렀습니다. 다름이 아니라 저희가 사정이 여의치 않아서 빌려드린 돈을

빠른 시일 내에 갚아주셨으면 합니다. …… 그럼 댁내 평안하시기를 빕니다.'

편지의 내용을 불러주는 동안에도 어머니는 당신의 생각을 정리하며 여러 번 수정하기를 반복했다. 그렇게 받아쓰기가 끝나면 쓴 것을 읽어보라고 했다. 그러고도 어느 대목을 더 고쳐야 할지 고심하고 또 고치기를 반복했다. 퇴고를 몰랐던 어머니였지만 그 본질을 잘 알고 있었던 셈이다.

마지막으로 봉투에 주소까지 쓰고 나면 다음 날 학교 가는 길에 우표를 사서 우체통에 넣는 일까지 나에게 주어진 임무였다. 때로는 편지 수신인과 같은 동네에 사는 반 친구에게 편지를 건네주면서 '아무개 씨에게 꼭 전해 달라고 해라.'며 몇 번씩 일러주기도 했다. 맡겨진 일을 잘 해내고 나면 어머니는 나를 치켜세워 주었다. 대단한 일이라도 해낸 듯이 나는 또 얼마나 우쭐대었을까. 따지고 보면 어머니가 쓴 편지라고 해도 무방했지만 괜히 어머니에게 으스대었을지도 모른다.

편지라는 것이 소식을 서로 전하거나 용무를 적어 보내다 보면 왠지 모르게 친밀감을 갖게 하는 매력이 있다. 그러나 어머니와 나는 '주고받는 사이'가 아니라 '둘 다 보내는 입장'이면서도 편지 대필 과정을 거치는 동안 비밀을 공유하는 친밀한 사이가 되었다. 빚 독촉 편지를 보내야 하는 '까막눈' 어머니 입장에서 볼 때 나는 만만하면서도 든든한 우군이었을 것이다.

편지를 보낸 후에 어머니가 빌려준 돈을 되돌려 받았는지에 대해서는 아는 바가 없다. 다만 채무자들이 전하는 말을 하긴 했다. '딸이 편지를 아주 야무지게 썼더라.'는 말을 전하는 어머니는 빌려준 돈을 돌려받지 못하는 근심은 잠시 잊은 채 받아쓰기가 그런대로 잘되었다는 사실에 만족스러워하는 얼굴이었다.

어머니는 어머니대로 어린 딸에게 채무 독려 편지를 쓰게 해야 하는 처지여서 답답했을 것이나 나는 나대로 학교에 가정환경조사서를 적어낼 때마다 '어머니'의 '학력'란에 '무'라고 쓰는 것이 큰 숙제였다. '무'라고 써야 할지 '무졸'이라고 써야 할지 '졸' 자를 썼다 지웠다 하면서 곤혹스러웠다. '국민학교 졸업'은 '국졸'이라고 썼지만 어머니의 경우는 1년도 되지 않는 학력을 가지고 있었고, '졸'의 의미를 모르던 나로서는 힘든 일이었다.

다른 부모님의 학력이 어떤지는 나도 알지 못했다. 그렇지만 '국졸'은 기본이지 않을까 짐작했을 뿐이다. 그랬으니 국졸도 아닌 다른 말을 써야 하는 나는 그것이 마치 자신의 무지인 것만 같아 주눅이 들었다. 학력이 '무'였어도 나는 어머니가 여러 자식의 어머니로 부족하다고 여기지 않았다. 그렇지만 학력을 '무'에서 '국졸'로 적을 수 없음에 대해서는 오랫동안 수치로 여기기도 했다.

쏜 살에 올라탄 듯한 시간은 어느 결에 나를 그때의 어머니보다 더 멀리 데려왔다. 오십 문턱에 발을 딛고 서서 쉰여섯의 겨울에 가신 어머니를 추억하자니 내가 학력 '무'의 어머니보다 나은 것이 무엇이 있는가 하고 자괴심이 든다. 무학의 어머니를 드러내야 할 때마다 부끄러워했던 딸이었지만 지금에 이르러 보면 어머니만큼 세상을 많이 알지도 못한다. 어머니보다 참을성도 많지 않고 지혜도 모자란다.

한때나마 어머니의 학력을 부끄럽게 여겼던 사실을 이제라도 고백하면 용서가 될는지 모르겠다. 나를 같은 편으로 생각했던 어머니에게 어리광을 부리면 옛 공을 생각해서라도 눈감아 주실까. 세월이 많이 흘러버려서 그것이 그리 중요한 일이 아니게 된 게 유감스럽기만 하다. 예전에 받아쓸 준비가 미흡했던 조수에 비하면 지금은 좀 더 나은 비서가 될 수 있을 것만 같은데, 구술하실 어머니가 아니 계신다.

(2015. 2.)

# 잘해야 본전

어둑해져서 막 일어서려던 참이었는데 옆 고랑의 주인이 물을 주기 위해 오다가 풀을 뽑아 말끔해진 우리 고랑을 보고 감탄을 한다.

"명주실처럼 반질하게 해 놨네!"

이 말 때문에 남은 고랑의 풀을 마저 뽑고 나니 가로등이 환하게 켜져 있다.

사월이 다 지났을 때 우연찮게 텃밭을 마련하게 되었다. 열 발짝 정도 되는 두둑을 세 개나 얻어서 일 년 동안의 주인이 된 것이다. 흙을 가까이하기를 갈망해 왔지만 뜻밖의 기회가 오자 겁부터 났다. 농사 축에도 들지 못하는 일이지만 땅에서 무언가를 길러내야 하는 일을 직접 해본 적이 없는 나로서는 걱정부터 되었다. 농사일은 노동이라는 생각을 가지고 있었으므로 노동을 감당해낼 체력이나 시간이 될는지도 염려되었다.

돌도 많고 메마른 땅을 고르는 일부터 보통이 아니었다. 처음엔 다 서툴다고 하지만 채소를 가꾸어 먹는 일에 대해서는 아는 게 없어 땅을 고르고 나서 무엇을 어떻게 해야 할지 막막하기만 했다. 그러나 얼마 지나지 않아 나의 염려가 기우라는 것을 알았다. 애송이를 첫눈에 알아차리고 한마디씩 거드는 사람이 많았다.

"고추 모종일랑 그냥 심구믄 몬 써. 비니루를 덮고 심가야제."

하긴 주변을 보니 고추고 감자고 다들 비닐을 덮고 심어놓긴 했다. 풀이 나기 시작하면 감당하기 어렵고 흙이 마르는 걸 막기 위함이라고 했다. 그러나 고추 여남은 포기와 상추 · 쑥갓 등 푸성귀를 조금 심어 놓고는 비닐을 씌울 것까지 있을까 싶다. 예전에 아버지는 너른 밭을 부치면서도 비닐 한 폭을 쓰지 않았다. 한철이 지나면 오래도록 썩지 않는 비닐을 처리하는 것도 골칫거리일 것 같아 훈수를 흘려들었다.

텃밭은 내가 살고 있는 천상의 아파트에서 가까운 곳에 있다. 젊은 땅주인은 자신이 농사지을 몇 뙈기를 빼고는 여러 사람에게 텃밭으로 빌려 주었다. 주로 천상에 사는 사람들이 텃밭을 가꾼다. 평소에는 알지 못했지만 고랑을 사이에 두고 맺어진 '농부'라는 동류의식 때문에 어쩌다 밭에서 마주치면 반갑다. 흙은 사람을 순하게 만드는 것 같다. 밭에서 만나는 사람들은 모두 표정이 선하다.

천상으로 들어오는 큰길 옆에 텃밭이 있어서 지날 때에는 일이 없어도 들여다보는 재밋거리가 있다. 가끔은 지나는 사람이 들어와 남들이 심어 놓은 것들을 감상하기도 하는데 오늘은 넉살 좋은 남자가 땅주인을 붙잡고 훈수를 늘어놓았다.

"봐라 봐라. 이기 아깝다꼬 그냥 놔둬 삐서 씰데없는 가지만 키웠데이. 옛날 고려의 왕건이 호족의 딸들을 왕비로 삼아 부인이 억수로 많았다 안 카나. 자식도 칠십 명이 넘었다 카는데 이기 그 꼴이데이. 퍼뜩 잘라 내삐라."

땅주인이 고추의 순 자르기를 하지 않아 잎만 무성하다는 핀잔이다. 역사적 사실과 맞지 않은 내용도 있고 적절한 비유인지는 모르겠으나 훈수꾼은 그치지 않고 연신 훈수 거리를 찾아 고랑을 오갔다. 옆 고랑에서 풀을 뽑고 있는 나를 의식했음인지 땅주인에게 또 한마디한다.

"봐라 봐라. 이 아지매맨코롬 고랑의 풀을 몽땅 뽑아야 한데이. 야들한테 준 거름 성분이 아래로 내려와 가꼬 이것들이 더 잘 자라는 기라. 그냥 냅두믄 양분을 다 빨아 묵어서 식물이 골아 삔다카이. 농사는 잘해야 본전인 기라."

듣고 보면 틀린 말은 아니다. 그렇지만 땅주인은 잔소리로 들리는지 대꾸를 차츰 건성으로 한다. 젊은 주인도 농사가 처음이라고 했다. 그렇지만 해를 거듭하면서 하나씩 터득해 가리라 믿는다.

처음 시작할 때 모종과 비료, 물뿌리개와 버팀대 등을 사는 데에 적잖은 돈이 들었다. 하나를 마련하면 또 다른 것이 필요하여 배보다 배꼽이 더 크다는 생각 때문에 후회가 되기도 했다. 괜한 고생하지 말고 이 돈으로 사다 먹으면 될 것을 바쁜데 무슨 짓을 하고 있는지 스스로도 이해되지 않았다. 더구나 가물어서 물을 날라다 주기까지 해야 했고 돌아서면 풀은 금세 자라 있었다.

흙은 묘한 매력이 있다. 가까이할수록 사람을 끄는 힘이 있다. 의무감으로 주말에만 시간을 내서 가 보기로 정했지만 차츰 발길이 잦아졌다. 한 번 가면 적어도 한 시간은 풀을 뽑고 고추와 가지 등의 순 자르기를 한다. 밭에다 쏟는 시간이 아깝다고 생각했지만 지금은 세 시간씩 풀을 뽑아도 손익계산에 넣지 않는다. 껍질째 먹을 수 있는 오이를 따거나 소복한 상추를 솎아 돌아오면서 목살을 한 근 살 때의 충만함을 아는 까닭이다.

내가 텃밭을 가꾼다고 하면 나를 좀 아는 사람은 아마 믿지 않을지도 모른다. 늘 해야 할 일이 많았다. '바빠 죽겠네.'를 입에 달고 살면서 지쳐 있었고 일이 삶의 전부인 것처럼 보였던 사람이기 때문이다. 그런 내가 오늘 몇 시간이나 풀을 뽑고 왔다면 더욱 믿지 못할 것이다. 그러고도 지치기는커녕 혈색이 돌고 일에서 빠져 나와 느긋해졌으니 나는 밑지지는 않았다.

(2012. 6.)

# 무릎베개

솔바람에 송홧가루가 날리고 있다. 따스한 볕을 쬐고 있자니 눈은 반쯤 감기고 나른하다. 이때만큼은 아무런 욕심도 없고 어떤 것도 하고 싶지 않다. 그저 어릴 때 누리던 평온함을 계속 이어서 누리고 싶은 마음이 간절하다.

마음의 빗장이 풀린 것을 아들 녀석이 용케 알아차렸다. 수박만 한 머리를 들이밀며 나의 무릎을 베고 벌렁 드러누웠다. 좀체 엉덩이를 붙이고 앉아 있을 새 없는 엄마를 잠시나마 앉아 있게 하는 법을 녀석은 알고 있는 것 같다.

너부죽한 얼굴에 난 여드름을 짜 달라거나 귀지를 후벼달라고 덩치에 비해 곰살갑게 굴면 나는 어쩔 도리가 없다. 무장해제를 당한 듯 고분하게 녀석의 얼굴을 만지고 귓불을 잡아당겨 귓속을 들여다보며 평소에는 하지 않던 시답잖은 이야기를 늘어놓는다. 덤으로 머리카락을 뒤적이며 드문드문 난 새치까지 뽑아준다.

그러고 나면 아들과 나는 무척 친해지는 것 같다. 다 큰 녀석과 다소 서먹한 감이 있었어도 무릎을 내어놓았다는 것만으로 꽤 가까워진다. 묵혀 두었던 잔소리도 귀를 후비며 가까이 대고 하면 잔소리가 아니라 달콤한 속삭임이 되는가 보다. 사내 녀석이라 그런지 원래 품에 안기는 맛이 없고 뻣뻣하다. 그런 녀석인데 무릎을 베고 있을 때는 유순한 아기처럼 나의 이야기에 맞장구도 잘 친다. 눈을 감고 있는 녀석의 얼굴을 보니 입꼬리가 올라가 있다.

돌아보면 나도 어머니의 무릎을 베고 누워 있었을 때 마음이 평온했던 것 같다. 그때는 농사일과 식구들의 치다꺼리로 바쁜 어머니의 무릎을 한가롭게 베고 누워 부모와 자식 간의 살가운 시간을 보낼 수 있었던 것은 아니다. 머리에 슨 서캐와 이를 잡기 위해 "여기 누워 봐라."라고 하는 정도였다. 그러니 다정한 말을 해 주기보다 "이 서캐 좀 봐라."는 퉁을 놓는 게 다였다. 그래도 어머니의 무릎을 베고서 손길을 받는 것만으로도 마음속이 꽉 찬 기분이었다.

베개 중에 무릎베개만 한 것이 있을까. 과학을 앞세워 첨단 소재로 만들어진 베개도 나에게 있어서는 무릎베개만 못하다. 아무리 훌륭하다 해도 무릎베개의 고유한 온도와 촉감을 따를 수 없기 때문이다. 더구나 사람과 사람 사이에서 느낄 수 있는 친밀감이야말로 과학이 흉내 낼 수 없는 '과학'인 것이다. 빛의 속도로 변하고 있는 세상에서 서로 소통할 시간을 따로 가질 수 없는 사람들에게 무릎베개는 마음과 마음을 이어주는 고리 역할을 톡톡히 한다.

흔히 밥상머리교육을 해야 한다지만 요즘은 쉬운 일이 아니다. 우리 집의 경우에도 가족이 한자리에 모여 밥을 먹을 수 있는 시간이 거의 없다. 수험생인 아들은 아침에 일찍 학교에 가서 자정이 다 되어 돌아온다. 한 지붕 아래에 산다고 해도 잠깐 스치는 일상은 남보다 나을 것이 없다. 그러니 나는 '무릎베개교육'이라도 해야 한다. 품안의 자식이 아니라고 서운해 하기보다 크는 것을 인정하면서 품에 안을 수 있는 방법이기 때문이다.

무릎을 내어놓고 기꺼이 베개가 되어주지만 정작 나는 베개를 거의 베지 않는다. 어른 팔뚝을 닮은 '목 베개'를 하나 곁에 두었으나 거의 베는 일이 없다. 잠에서 깨어나 어쩌다 모로 누워 잠깐 책을 읽을 때만 괼 정도로 나는 편안한 베개를 만나지 못했다. 그렇지만 무릎베개를 베고 누우면 머리의 편안함보다 마음의 평온이 만족감을 더 주기 때문에 좋아한다.

무릎을 베면서 살과 살이 닿는 것은 사람과 사람 사이의 간격을 좁히는 일이다. 서로의 미세한 체온을 느끼다 보면 무한한 신뢰가 되어 아주 가까운 사이가 되는 것이리라. 무릎을 내어놓거나 베고 눕는다는 것은 끝없는 애정과 믿음을 바탕으로 하지 않는다면 이루어지기 어려운 일이다.

사실 무릎을 베고 누울 정도면 꽤 친한 사이라고 할 수 있다. 그렇지 않고서는 여간 해서 무릎베개를 하기 뭣하다. 그러나 썩 친하지 않았지만 무릎베개를 하고 나서 친하게 되기도 한다. 무릎을 베고 누우면 얼굴을 마주 대하게 마련인데, 이 동작이 사람을 무척 친밀하게 한다. 하지만 바쁘거나 걱정거리가 있을 때에는 실천하기 어렵다. 몸과 마음이 여유로울 때 마음을 열게 하는 열쇠가 무릎베개다.

누군가의 무릎을 베고 눕는 것은 자신을 내어맡긴다는 의미도 있다. 그러기에 긴장하지 않고 소중한 몸을 순순히 들이미는 것은 아닐까. 사람이 할 수 있는 일 중에 가장 겸손한 일이 무릎을 내어놓거나 베는 것임을 무릎베개를 통해 거듭 느낀다.

내가 어머니의 무릎베개를 잊지 못하고 그리워하듯이 아들도 나의 무릎을 잊지 못하고 애틋해할 것이다.

"엄마, 3종 세트(여드름, 귀지, 새치)!"

아들은 가끔 이렇게 외칠 것이다. 달리 줄 것이 많지 않은 나는 무릎이라도 자주 내어주어야겠다.

(2010. 5.)

# 수다스러운 여자

조선시대에 남편이 아내를 내쫓을 수 있는 일곱 가지 이유 중에 말이 많은 것도 속한다. 말이 많다는 것은 단순히 수다스러운 경우를 말하는지 남의 험담을 많이 할 경우를 의미하는지는 명확하지 않다. 남의 험담을 하는 것이 아니라 '수다스럽다'의 사전적인 의미인 '쓸데없이 말을 많이 하는 느낌이 있는 것'만을 가지고 내쫓을 것까지 있었을까 싶다.

물론 유교사상을 근간으로 했던 시대였으므로 조신하고 다소곳함이 아내와 여성들의 덕목이었을 것이다. 그럼에도 여성들이 말이 많았던 모양이다. 예나 지금이나 여성들의 수다는 변함이 없는 것 같다. 그러니 여자 열이 모이면 쇠도 녹인다는 말이 생겨나지 않았을까. 그렇다면 수다는 여성들만이 누릴 수 있게 조물주가 내려준 덤이라고 할 수 있겠다.

그렇지만 나는 평소에도 말수가 많은 편이 아니고 마음이 내키지 않으면 더욱 말수가 적어진다. 기척을 느끼고 꽉 닫아버린 조개처럼 언짢은 일이 있을 때에도 입을 열려고 하지 않는다. 대신 머릿속으로 생각을 복잡하게 거듭하며 상황을 판단하려 하는 경향이 있다. 말이 아닌 생각으로 대하면 상대는 말을 하지 않는 이유를 몰라 답답해서 안달이 날 지경이 된다. 그러나 마음으로 모든 답을 하고 있다고 생각하는 나는 크게 답답할 게 없다. 오히려 말을 하지 않음으로써 마음이 안정되는 것 같기도 하다.

타고난 성격이라고 여기기도 하지만 고쳐야 할 부분이다. 말을 하지 않을 뿐 자신은 속으로 '생각 정리'를 하고 있는 것이라지만 상대는 내가 생각하는 것 이상으로 나를 오해하게 되기 때문이다. 아이가 말을 가끔 하지 않을 때 그 속을 몰라 답답해 약이 오른다. 말을 하지 않으면 네 생각을 어찌 알겠느냐고 퉁을 주면서 나는 자신도 모르게 때에 따라 입을 굳게 닫는다.

나에게 모자라는 면이라서 그런지 수다스러운 여자가 부럽다. 내가 부러워하는 '수다스러운 여자'는 쓸데없는 말만 많이 하는 여자가 아니다. 자신의 생각을 따스한 봄에 꽃봉오리가 터지려고 속살대듯 말하는 여자다. 말은 많은 것 같지만 듣고 있으면 별로 싫증이 나지 않게 말하는 재주를 가진 여자들을 간혹 만난다. 나로서는 쉽지 않은 일이기에 분명 특별한 능력이 아닐 수 없다고 생각한다.

최근에 만난 수다스러운 여성 가운데 한 사람은 근처 초등학교에 일이 있어 갔다가 만났던 어르신이다. 아이들이 마칠 시간보다 조금 이르게 도착하여서 교정을 거닐고 있었다. 빈 유모차를 밀며 왔다 갔다 하던 어르신이 말문을 열었다.

"아이를 데리러 온 모양이지? 젊은 새댁들을 보면 싹싹했던 며느리도 생각나고 엄마 있는 애들도 부럽고 그래. 나도 손자를 데리러 왔어. 오늘 방학하니까 짐이 많잖여. 무거울까 봐 실러 왔어. 우리 손자가 2학년인데 공부를 엄청 잘혀. 시험을 봤다 하믄 올백이여. 이뻐 죽겠어. 세상에, 즈이 엄마도 없는데 어떻게 공부를 잘하는지 모르겠어. 며느리는 5년 전에 사고로 죽었어. 나는 시내에서 살다가 애들 돌볼 사람이 없어서 일루 들어온 거지. 그때 손자가 네 살이었는데 벌써 아홉 살이야. 우리 손녀는 중1인데 이번 중간고사에서 전교 5등을 했어. 얼굴도 이뻐. 학원 다닌 거밖에 없는데 어떻게 공부를 잘할까. 우리 아들은 또 얼마나 열심히 사는지 몰라. 대학 나와서 지금은 ○○ 사무국장이야. 재혼을 할 마땅한 사람이 없어. 어떤 사람의 얘기 들어 보니 새엄마가 애를 툭 하면 꼬집어서 얼룩구렁이를 만들어 놨다잖어. 애 할머니가 목욕을 시키다 보니 그렇더랴. 그러니 믿을 수가 있어야지. 우린 원래 서울에 살았어. 우리 큰아들이 마흔아홉 살인데 걔가 중2 때 울산에 왔어. 그러니까 울산이 제2의 고향인 셈이지. 난

내년이면 일흔넷이고 우리 영감은 팔십인데 산에도 잘 다녀. 난 아파트 노인정 총무를 2년 맡다가 척추 수술을 하느라 남에게 넘겨줬어. 그런데 새로 맡은 이가 총무를 하다 부산으로 이사를 갔는데 가고 나니 다들 말이 많어. 지금 새로 총무를 맡은 이는 글씨를 유치원생보다도 못 써. 잘 쓰진 못해도 알아보게는 써얄 거 아녀. 내가 어느 땐 장부 정리도 싹 해 주고 그러지…."

맞장구를 쳐주다 보니 아이들이 나오고 있었다. 누에가 실을 뽑아내듯이 술술 이야기를 늘어놓던 어르신도 유모차를 밀고 손자를 찾아갔다. 쌀싸름한 날씨지만 햇살이 따스해서 걸어가는 어르신의 뒷모습까지도 따스하게 만들어주는 것 같았다. 길지 않은 시간에 어르신의 수다로 어르신을 다 알아버린 듯한 느낌이 들었다. 고치는 눈부신 비단이 되고 번데기는 훨훨 날갯짓을 하게 되듯이 어르신의 가볍지 않은 삶이 처음 보는 나에게로 와 조금은 가벼워졌으면 하는 바람이다.

또 한 사람은 잘 오지 않는 눈이 울산에 어쩐 일로 조금 흩뿌리던 날 만났던 여자다. 밤이 되자 간간이 날리는 눈 때문인지 꽤 추워 웅크리고 종종걸음을 하고 있었다. 아파트 주차장을 빠져나오며 연신 조잘대는 여인이 보였다. 내가 탄 엘리베이터에 그녀는 어린 아들을 데리고 남편과 함께 타서도 수다를 그치지 않았다.

"다운동 고개를 내려오는데 차가 미끄러질까 봐 무서워 죽겠는 기라. 그래서 차를 세우고 지나가는 아저씨한테 물어봤제. 그 아저씨가 뭐라는 줄 아나? 천천히 가라는 기라. 브레이크는 절대 밟지 말래. 그런데 내가 너무 당황했는지 그걸 깜빡 잊고 내리막길에서 브레이크를 밟았다 아이가. 눈이 이렇게 많이 왔을 때 운전을 한 건 처음이라니까. 얼마나 겁이 나는지 다리가 후들거려서 혼났다 아이가. ○○아, 엄마 다리 떠는 거 니도 봤제? 거 봐라. 나 진짜 많이 떨었다 아이가….”

엘리베이터처럼 밀폐된 공간에서 자신의 이야기를 별 상관없는 남이 있는데도 제 집처럼 떠든다면 칠거지악을 들먹거리고 싶다. 하지만 웬일인지 남이 있어도 신경 쓰지 않고 말을 하는 여자를 부러워하지 않을 수 없다. 발그레한 얼굴로 남편을 마주보고 서서 자신의 무용담을 늘어놓는 여인의 말이 내가 듣기에는 수다가 아니라 노래 같아서다.

(2010. 12.)

# 밥값

살아온 날에 비례해 책임감도 나날이 늘어간다. 의무적으로 주어지는 것이 아니라 나이에 걸맞게 마음으로 느끼는 책임감이다. 시간이 흐름에 따라 가장 무섭게 다가오는 말이 '밥값'이다. 원래 밥벌이 정도의 구실을 비유하는 이 말에는 '네가 받은 만큼 돌려내 놔라.'는 은근한 협박이 들어 있다고 생각하기 때문이다. 큰 대가가 아니더라도 그에 상응하는 무엇으로든지 성의를 표시하라는 뜻 같아 부담이 되는 말이다.

밥값을 치르는 것도 각자의 나이나 입장에 따라 달라진다. 밥값을 요구받는다는 것은 어느 정도 밥값을 해결할 수 있는 처지라는 것을 의미한다. 값을 처지가 되지 않는 사람에게는 애초에 밥값을 하라고 하지 않는다. 사정이 여의치 않는 당사자가 부담이 될 것을 염려하여 예의상 입을 떼지 않게 된다.

나는 요즘 내가 밥값을 잘 못하고 있는 것 같다. 밥값에 대한 나의 기준은 눈코 뜰 새 없이 소득이 생기는 일로 바쁘게 사는 것이다. 누가 봐도 저 사람 참 부지런히 산다고 하는 말이 내가 밥값을 하는 반증이라고 여긴다. 그래서 아이들도 품을 떠나고 일의 강도도 조금 약해진 이즘 밥값을 제대로 못하고 있다는 생각에 불안하기까지 하다. 이러다 밥통이 되는 것은 아닐지 걱정이다.

나를 이루는 요소의 팔 할은 아버지라 할 만큼 나에게 미치는 영향은 지대하다. 아버지는 자신이 그랬듯이 남들도 손발을 부지런히 놀리기를 바랐다. 멀쩡해 보이는 사람이 빈둥거리는 것을 곱게 보지 못했다. 대학 다니던 동생이 방학을 맞아 잠깐 집에 와 머물 때였다. 한나절이 되어도 기척이 없자 기어코 방문을 열어젖히고 일장연설로 끌어내고야 말았다. 그러고 얼마 후 동생은 갑자기 늑막염 수술을 받았다.

물론 아버지는 당시 동생의 몸이 성치 않았다는 것을 알지 못했다. 단지 동생이 한창 나이에 늦잠이나 자고 방안에서 뒹구는 것이 아버지 성미에 맞지 않았다. 엄마가 몇 해 전에 돌아가시고 나서 막내에 대한 안쓰러움이 컸던 시기에 막내를 곰살궂게 보아 넘기지 못하고 사정을 봐주지 않았던 아버지의 매정함에 대해 두고두고 원망을 했다. 그러면서도 남이 모르는 가운데 나는 아버지를 닮아갔다.

외따로 떨어진 동네에는 오랫동안 들고나는 집이 없었다. 그러던 어느 날 사건 같은 일이 생겼는데 누군가 새로 이사를 온 것이다. 노부모와 '늙은' 아들 둘이었다. 아들들은 어린 내 눈에 우리 아버지만큼 늙어 보였다. 조용한 충청도 산골의 꼬맹이들에게 이사는 '큰일'이었다. 더구나 전라도 사투리를 쓰는 사람들이므로 더 신기했다. 그들의 말투를 노골적으로 흉내 내며 동네를 돌아다녔다. 그 집의 늙은 아들들은 사람 좋아 보이는 웃음을 지을 뿐이었다.

그들은 일정한 돈벌이가 없었다. 일찍 터 잡고 살던 동네 사람들처럼 밭이 있는 것도 아니다. 그렇다면 어딘가 노는 땅을 찾아서라도 밭을 일굴 만도 한데 그런 것도 아니었다. 처음에 동네로 들어와서 앞집의 사랑방에 네 식구가 살더니 얼마 지나서 누에를 치던 널찍한 창고를 대충 치우고 옮겼다. 그러더니 또 얼마를 지나서는 동네 끝집이 비자마자 세간을 민첩하게 날랐다. 그때까지 이사하는 것을 보지 못한 나로서는 자고 나면 옮겨 사는 그들이 여전히 낯설었다.

이방인들로 인해 동네가 한때 술렁이긴 했지만 먹고사는 게 힘든 세상이니 매몰차게 내치지도 않았다. 그럭저럭 한동네 사람이 되어 갔다. 가족에게 엄격한 아버지도 그들에 대해서 별말이 없었다. 나는 그들에게 처음에는 호기심을 가졌지만 점차 궁금한 것이 많아졌다. 일을 하지 않고 어떻게 먹고살 수 있는지, 어디에서 무엇을 하다가 왔는지, 왜 늙은 아들들은 장가도 가지 않고 부모와 함께 사는지….

관심거리가 하나 더 생기자 어느 결에 그들이 하는 일을 눈여겨보기 시작했다. 아버지나 동네 사람들의 행동에 익숙한 나는 그들이 하는 일이 꽤 흥미로웠다. 어떤 때는 어리둥절하다가도 어떤 때는 재미있었다. 어느 봄날에 도랑가 널찍한 돌 위에 평소 못 보던 것이 있었다. 가만 보니 헌 가마니에 흙을 가득 채워 세우고 군데군데 구멍을 뚫어 고구마순을 꽂아두었다. 밭뙈기가 없으니 고구마를 가마니에 심은 것이다. 그 방법은 낯설었지만 새로웠다.

정해 놓고 하는 일 없이 이집 저집을 돌아다니며 술도 얻어 마시고 말참견도 하였다. 나는 늙은 아들이 우리 집에 오는 것을 싫어했다. 당시의 감정을 똑떨어지게 말할 수는 없지만 풀이과정이 복잡한 수학문제를 설명해야 할 때와 같은 기분이랄까. 나에게 직접적인 피해를 준 것은 아니지만 홍두깨 같은 그들에게 마음속에서 아버지의 잣대를 대신 들이밀고 있었던가 보다.

어린 눈에 별다른 일은 하지 않고 밥만 축내는 것 같아 보였는지 모른다. 하지만 돌이켜 보면 그들도 놀고먹기만 한 것은 아니다. 그들 나름대로 무언가 늘 일을 했다. 그러고 굶지 않고 살았다. 결혼은 못한 것이 아니라 하지 않은 것인지도 모른다. 책임지지 못할 일을 아예 만들지 않았으니 요즘 시각으로 보면 합리적인 처세다.

그 집의 작은아들이 내 머리를 깎아준 일이 있다. '국민학교' 졸업을 앞두고 중학교에 가기 위해 그동안 두 갈래로 땋고 다니던 머리를 귀밑 단발로 해야 했다. 그 작은아들이 이발을 잘한다는 소리를 듣고는 술 한잔 대접하기로 하고 엄마가 부탁을 했던가 보다. 엄마의 성화에 나는 난데없는 이발사에게 머리를 맡길 수 없다고 버텼으나 아버지까지 거드는 바람에 꼼짝없이 걸상에 앉아야 했다. 산중에서 읍내로 머리를 깎으러 가는 일이 쉽지 않은 일이기도 하여 어쩔 수 없다고 생각했으나 입이 댓 발은 나왔다.

머리를 깎는 내내 고개를 숙이고 앉아 있는 내 눈에 이발소에서나 봄직한 이발도구가 든 상자가 들어왔다. 진짜 이발사라도 되는 걸까. 심통이 좀 가라앉을 즈음 다 됐다는 소리와 함께 거울을 비춰 주었다. 나는 거울 속의 단발 소녀를 보고 머리가 마음에 들지 않는다며 울기 시작해 며칠을 생각날 때마다 울었다. 그 집 작은아들은 엄마가 건네는 술잔을 받으며 멋쩍게 손을 비벼댔다.

"으째 쓰까이, 이걸 으째 쓰까이."

저마다의 밥값은 남들이 정해줄 수 없는 각자의 고유영역이다. 스스로의 마음에 있는 저울추가 저절로 움직여 값을 놓는다. 자신의 위치에서 제 역할을 충실히 했을 때는 남은 어찌 생각할지라도 떳떳하여 어깨가 펴질 것이다.

밥값을 했다고 큰소리치며 살고 싶지 않은 이가 있겠는가. 하지만 살아 보면 마음먹은 대로만 살아지는 게 아니라는 것을 깨닫게 된다. 스스로 미흡하다고 여기는 마음 때문이겠지만 예전에 비해 헐렁헐렁

하게 살고 있자니 누군가 밥값을 제대로 하라고 혀를 찰 것만 같다. 그런 생각을 하면 뒷머리가 켕기는 것을 어쩔 수 없다.

(2013. 5.)

# 나를 위한 날

유난스러운 겨울이어서 쉽게 물러나지 않을 것 같았다. 그렇지만 절기는 어김이 없다. 시시로 변하더니 이젠 완연함을 담아 신호를 보내온다. 곱살한 망울은 수줍은 색시처럼 낯을 붉힌다. 같은 비라도 봄 언저리에 내리는 비는 길고양이의 발걸음을 닮았다. 조용히 발자국을 남기듯이 곳곳을 적신다.

그럼에도 나는 눈치채지 못하고 책상 위만 내려다보고 있다. 비가 올 때마다 조금씩 훈훈해지는 공기를 알면서도 딴청을 부리고 있는 것인지도 모른다. 모자라는 양기를 채우기 위해 온 봄을 휘적대며 다니고 싶은 욕심이 생길 것 같아서다.

그렇다고 해도 이레 중에 하루쯤은 온전히 나를 위해 비워두고 싶다. 옛사람들은 길하다고 여겨 한 주를 칠일로 삼았다고 한다. 나에게는 칠일 모두 길일이 되어 각각의 의미로 다가온다.

한 주를 시작하는 첫날인 월요일은 몸을 풀며 준비하는 날이다. 일요일의 아쉬움이 남아 있는 몸과 마음을 추슬러 다시 제자리로 돌아오게 하는 날이다. 휴일에 머무르고 싶어 하는 쪽과 현실을 받아들여야 하는 쪽을 조율하는 게 생각만큼 쉽지는 않다.

이틀째인 화요일은 월요일의 갈등에서 다소 벗어나 현실을 받아들이는 쪽으로 기울어지는 날이다. 차츰 일요일의 게으름을 잊어가고 서서히 속도가 붙는다. 맞이할 날들에 대한 기대로 슬쩍 달뜨기도 한다.

사흘째인 수요일은 일곱 가운데 정점에 다다르는 날이다. 일을 해내기도 훨씬 수월하고 몸도 가뿐하다. '나를 위한 날'에 점점 가까워진다는 생각에 마음도 가볍다.

나흘째인 목요일은 참을 만한 날이다. 일의 피로가 가장 많이 쌓이는 날이기도 하지만 여유로운 금요일을 앞두고 있기 때문에 너그러워진다. 긴장도 풀리며 펼쳤던 일들을 서서히 거두어들일 채비를 한다.

닷새째인 금요일은 그날을 맞이할 준비를 거의 갖춘 날이다. 일주일 동안의 수고로움 덕분에 마음의 호사를 누린다. 더구나 토요일이 기다리고 있지 않은가.

엿새째이자 '나의 날'인 토요일이다. 이날은 아침잠도 없어진다. 평소에 조금만 더 자고 싶어 안달하며 몇 분 단위로 자명종을 찾던 수고도 필요 없다. 형체가 없는 마음도 그동안 무게가 있었던가 보다. 몸이 새털 같다. 특별한 일이 없는 한 내가 하고 싶은 일을 내 마음대로 하는 날이기에 설레기까지 한다.

이레째인 일요일은 토요일처럼 쉬는 날이긴 하지만 부담이 있는 날이다. 자고 나면 또 일주일을 시작해야 한다는 것이 은근히 짓누르는 것 같다. 그래도 일요일은 늦잠을 잘 수 있어서 좋다. 아침을 느직이 점심 삼아 먹고 청소와 빨래를 하며 몸을 움직인다. 분주함과 개운함을 함께 얻고 다가올 한 주를 준비하는 날이다.

이 중 내가 가장 좋아하는 날은 토요일이다. 이튿날에도 쉴 수 있는 날이어서 마음과 몸을 편히 내려놓을 수 있기 때문이다. 어쩌면 어릴 때의 기억 때문인지도 모른다. '반굉일'은 토요일인 '반공일'을 마을 어른들이 달리 부르던 말이었다. 기다리던 반굉일이 되면 해가 중천에 있을 때 영일이네가 사는 '안 양뱅이'쪽 산을 넘어 집으로 가곤 했다. 늘 다니던 길을 두고 산을 넘어서 간 것은 반공일이 주는 해방감 때문이었으리라.

토요일은 나를 느긋한 사람으로 만들어준다. 평일에는 목표를 보며 해야 할 일을 주로 하며 살지만 토요일은 하고 싶은 일을 하며 보낼 수 있는 날이다. 시골의사 박경철 씨가 바쁜 일정을 소화해 내는 법을 나도 따라해 보고 있는 중이다. 일정을 요일별로 나눠 놓는 방법인데, 나는 월요일에서 금요일까지는 정해져 있는 일과 소소한 일들을 하고 토요일은 나를 위한 일을 하기로 했다.

토요일은 아침부터 여유가 있다. 나를 위한 날이라고 하니까 왠지 부자가 된 것같이 두둑하다. 일과 시간에 쫓기지 않아도 되고 시답잖은 일로 바깥에 나가야 하는 번거로움도 물리칠 수 있는 핑곗거리가 되기에 좋다. 지난 토요일은 이불 위에서 뒹굴며 법정 스님의 ≪맑고 향기롭게≫를 또 읽었다. 마음이 가는 문구를 되새기며 나를 내려놓으면 흡족해서 샐샐 웃음이 나오고 살아갈 힘을 얻는다.

그러면서도 나는 토요일의 시간을 곶감 빼먹듯 한 것 같아 저녁이 되면 못내 아깝다. 이른 시간부터 셈하여도 밤을 맞으면 늘 아쉬워서 할 수만 있다면 시간을 고무줄처럼 늘리고 싶은 심정이 된다.

하지만 어찌 토요일만 나를 위한 날이겠는가. 한 주를 내 삶의 기본 단위라고 볼 때 하루하루 소중하지 않은 날이 없다. 드러나지는 않더라도 잘 보낸 하루가 다음에 올 하루의 발판이 되어 한 주를 꿰고 한 달이 채워진다.

일 년의 시작이 봄인 까닭도 이와 다르지 않을 것이다. 살아 있는 것들을 깨우는 계절에게서 좋은 기운을 많이 받아 여름 가을 겨울로 이어지기를 바라는 것이 사람의 심리인지도 모른다. 그렇다면 나도 '월화수목금토일'의 순서를 마음이 가는 대로 '토일월화수목금'으로 바꿔야겠다. 토요일에 누린 즐거움이 한 주 내내 그득하기를 바라서다.

(2012. 3.)

# 토끼의 간

목표 지점에 거의 다다를 때 사람은 한눈을 팔 수 없게 된다. 앞만 보며 조금만 더, 조금만 더 안간힘을 쓴다. 올해가 가기 전에 이뤄야 할 일들을 연말까지 잘 마무리하려고 무리를 했다. 그랬더니 일주일을 앓고 난 몸살을 이주일 건너 또 앓게 되었다. 지난번처럼 약으로 견뎌보려 했지만 여유 있게 앓을 시간이 없었다. 마음이 급해 초기에 잡으려고 가까운 의원에 가서 링거를 맞고 돌아왔다.

링거까지 맞을 정도면 큰 탈이 났나 보다고 걱정해 주는 사람들이 있었다. 그중에 평소 말의 뜻을 잘 알아듣지 못하는 '형광등' 같은 친구가 있었다. 사람은 선한데 남의 말이 어떤 의미인지 한참을 설명해야 감을 잡는 친구다. 내가 몸살을 앓고 있다는 소리를 듣고는 '몸살에는 잘 먹어야 되니 먹고 싶은 것이 있으면 무엇이든 말하라.'고 문자메시지를 보내왔다. 고마운 마음과 함께 '무엇이든'이라는 말에 나는 장난기가 동했다.

'토끼의 생간을 먹고 싶다.'고 답장을 했다. 남들 같았으면 단번에 농담이려니 했을 텐데 이 친구는 곧이듣고 몇 시간을 돌아다니며 진짜 토끼의 생간을 구해 왔다. 뛸 것 같은 벌건 간을 보자 마땅한 말이 떠오르지 않았다. 사람의 말이 농담인지 진담인지 구분을 못하는 자라 같은 친구를 보고 그제야 나의 잘못임을 깨달았다.

서신으로 여유롭게 벗과 우정을 쌓던 옛 선비들도 중대한 일이 있을 때는 손수 먼 길을 마다않고 직접 찾아가 면전에서 이야기를 하고 돌아왔다고 한다. 글이란 편리함도 있지만 본인의 심중을 낱낱이 전하기에는 한계가 있었기 때문이다. 물론 글보다 말이 더 전달력을 갖겠지만 말로 전할 때도 면전이 아니면 전하고자 하는 의중을 정확히 모를 수도 있다. 행동이나 표정 등도 전하고자 하는 뜻을 내포하고 있기 때문에 그렇다.

말로 해도 그 뜻을 이해하는 데 오래 걸리는 친구에게 문자로 농을 걸었으니 친구의 둔함을 탓하기 전에 '내 탓이오.' 하면서 가슴을 칠 수밖에 없었다. 이 친구가 진짜 '자라'였다면, 용왕의 병을 낫게 할 토끼의 간을 구하러 가겠다고 자청한 충성스러운 신하 '자라'였다면, 그래서 진짜 살아 있는 토끼의 간을 구해 와서 용왕의 병을 고쳤더라면 용왕은 그에게 큰 상을 내리고 평생 은인으로 생각하며 살았을 것이다.

그러나 안타깝게도 나는 용왕이 아니었다. 생간을 먹어야 나을 만큼 중병에 걸린 것도 아니었고 생간을 먹을 만큼 비위가 좋은 사람도 아니었다. 어떤 의미이든 나를 용왕이라 여기고 애써 간을 구해 온 자라의 정성은 갸륵하나 도저히 먹을 수 없었다. 토끼의 생간이 간과 위에 대단히 좋으니 참기름에 찍어 꼴깍 삼키라고 문자메시지가 연신 날아와도, 많은 신하들이 지켜보고 있는 앞이라 먹지 못하면 왕의 위신이 떨어진다고 해도 속절없는 일이었다.

쓸모없어진 아기 주먹만 한 토끼의 간을 보고 있자니 자라에게 미안해졌다. 비위가 상하든 말든 눈을 꼭 감고 꿀떡 삼켰어야 했다는 자책도 들었다. 내 진심과는 상관없이 자라에게 애먼 고생을 시킨 셈이다. 그래도 간을 보고 놀라 몸살이 다 나은 것도 같으니 이 은혜를 무엇으로 갚아야 할까.

농담이었는데 토끼의 생간을 진짜 구해 와서 황당했다고 하자 자라 같은 친구는 '말하는 대로 이루어지는 세상이 즐겁지 않은가.'라고 했다. 나는 하루쯤 용왕이 되어 자라 친구에게 즐거움을 주었으니 은혜를 갚은 것과 진배없을지 모르겠다.

(2008. 12.)

# 이밥 세 숟가락

서구 문물 중에 우리나라에 들어와 사람들의 사랑을 많이 받는 것 가운데 하나가 커피일 것이다. 구한말에 고종이 커피를 접한 이래 우리나라에는 꾸준히 커피 애호가가 늘어났고 이제는 사람들이 가장 자주 섭취하는 식품이 되었다. 우리의 주식인 밥보다 기호품인 커피를 배나 많이 접한다는 사실이 남의 나라 이야기 같기만 하다.

변두리의 작은 동네인 이곳 천상만 해도 커피집이 몇 집 건너 새로 들어서 있곤 한다. '이상한 서양의 국물, 양탕국'이 잡곡밥과 쌀밥을 밀어내고 우리의 입맛을 사로잡았다는 사실에 커피를 즐기는 편이 아닌 나는 오래 볶은 커피를 입안에 머금은 듯 쓰기만 하다.

쌀 소비량이 줄고 있어서 농가에서 울상이라며 쌀 소비책을 세워야 한다고 했던 것이 몇 해 전이었다. 사람들이 예전에 비해 얼마나 밥을 덜 먹는지 알기 쉽게 시대별로 밥그릇의 크기를 비교해 놓았는데, 불과 몇십 년 사이에 어른 밥그릇이 어린아이의 밥그릇처럼 작아져 있었다.

생활양식이 바뀌면서 식습관도 자연스럽게 변한 탓이겠다. 일부의 전문가라고 하는 사람들은 탄수화물 성분이 많은 쌀밥은 비만을 초래한다는 말로 사람들이 밥그릇을 멀리하게 만드는 데 한몫했다. 이제는 잡곡밥도 커피 앞에서는 맥을 못 추는 모양새다.

강원도의 증조모는 구순을 넘어 돌아가실 때까지도 자손들에게

"뱁이 보약이여."

라는 말로 삼시 세끼 밥을 잘 먹는 것이 섭생에서 무엇보다 중요함을 늘 일깨우셨다. 그러고는 아이가 오물오물 좁은 입안으로 밥을 오지게 밀어 넣는 모습을 흐뭇이 바라보는 나에게 덧붙였다.

"오냐, 좋제? 시상에서 가장 보기 좋은 기, 내 논에 물 들어가는 거와 자슥 입에 뱁 들어가는 거라 했니라."

이 말씀과 함께 '밥심으로 산다'는 말도 이젠 옛말이 되어 가려나 보다. 간편함을 먼저 생각하다 보니 우리 집 식탁에도 밥이 올라오는 횟수가 점점 줄어들고 있다. 밥의 힘으로 몸을 쓰는 육체노동을 하는 것도 아니고 쌀농사를 짓는 농부도 아니건만 '밥'이 밀리는 현상에 못내 아쉬움이 남는다. 아마 쌀을 귀하게 대하던 지난날과 무관하지 않기 때문일 것이다.

어릴 때는 쌀이 귀해서 쌀밥을 실컷 먹는 호강을 해 보고 싶었다. 단양의 첩첩산골에 있는 양뱅이는 신작로에서 산속으로 몇 구비를 돌아 올라가면 손바닥만큼 펼쳐져 있는 곳이었다. 다랑논이 무엇인지도 몰랐고 산비탈의 밭에서 나는 곡식과 과실과 푸성귀를 먹고 남으면 장에 내다 판 후 쌀로 바꾸어 오곤 했다.

장날 아침에 엄마는 조나 수수를 이고 단양읍내 장터로 떠나며 바꾸어 올 쌀을 집까지 옮길 수 있게 이따가 지게를 가지고 마중을 나오라고 일렀다. 엄마가 말한 '이따가'를 어림치지 못했던 우리는 키보다 더 큰 지게를 쉬엄쉬엄 신작로 가에 옮겨다 놓고 기대앉아 이따금 지나가는 차가 일으키는 먼지를 뒤집어쓰며 하염없이 기다렸다.

드물게 버스가 몇 대나 지나는 동안 우리 앞에 멈춰 쌀과 엄마를 내려놓아 주기를 얼마나 바랐던가. 상진을 지나 노동리 앞을 도는 남한강변을 따라 버스가 모습을 드러내면 가슴이 뛰었다. 강 위에 노을이 번질 즈음 버스가 멈춰 섰고, 엄마는 무거운 쌀자루를 들어내려 지게에 짊어지고 오누이를 앞세워 산길을 올랐다. '가마뚝'을 지나 굽이를 돌 때마다 지게를 내리고 쉬는 힘겨운 쌀 수송 작전은 어둑해진 후 쌀독 앞에 닿아야 끝이 났다.

부엌 한쪽에 펑퍼짐한 쌀독이 자리하고 있었다. 나무가 타면서 생기는 먼지가 앉기 쉬웠고 유약을 바르지 않아 투박하였으나 정갈하게 닦는 것은 기본이었다. 불룩한 뱃속에 모시는 쌀 덕에 후한 대접을 받은 셈이다. 엄마는 헛간이나 부엌 구석을 오가는 서생원으로부터 쌀을 보호하기 위해 이중의 묵직한 덮개를 독 위에 올려놓았다. 그것도 안심이 되지 않았던지 도랑에서 아버지의 목침만 한 돌을 골라다 올려놓곤 했다.

밥때가 되면 독 안에 든 조막만 한 바가지에 쌀을 퍼 담은 뒤 깎아서 '싸래기'를 흘리지 않게 살랑살랑 일어야 한다. 가마솥에 안칠 때도 순서가 있었다. 좁쌀과 미리 삶아 건져 놓은 보리쌀로 밥밑을 삼고 한 주먹 정도 되는 쌀은 흐트러지지 않게 얹었다. 자작자작 밥물이 잦아들면 말간 쌀밥만 우선 한 주발 따로 펐다. 그런 다음 나머지 밥을 섞어 큰 양푼에 퍼 담았다.

엄마는 끼니마다 개다리소반에 아버지의 밥상을 따로 차렸다. 아버지의 밥상에는 기름진 이밥이 범접할 수 없는 모습으로 올려져 있곤 했다. 우리는 두리반에 오른 음식을 먹으면서 아버지를 특별한 존재로 받아들였다. 과묵했던 아버지는 식사 시간 내내 말이 없었고 우리에게도 밥 먹을 땐 말을 하지 않는 법이라고 일침을 놓았다.

수저 소리마저 조심스러운 식사 시간이 어느 정도 흐르면 아버지는 수저를 놓고 헛기침을 몇 번 하고는 자리에서 일어나 나간다. 온기가 아직 남은 놋주발에는 항상 이밥이 세 숟가락 가량 남겨져 있었다. 자식들이 어쩌다 밥알을 덜 긁어먹기라도 하면 훈계가 끊이지 않았던 분의 흔적이라고 볼 수 없는 모습이다. 그때는 아버지의 속내를 알지 못했다. 언제나 비슷한 양을 남기는 연유가 궁금했지만 물을 수도 없었다.

돌이켜 보면 쌀의 소중함을 자식들에게 무언으로 가르친 것은 아닐까 싶다. 세 숟가락으로 배가 부르기는 어렵다. 배를 채울 수 있기를 바라서기보다 평소에 흰밥을 먹어봤으면 하는 자식들의 갈망을 조금이나마 풀어주면서 자연스럽게 쌀의 가치를 심어주었던 것 같다. 보리밥으로 배가 적당히 부르기는 했지만 우리는 아버지의 놋주발에 남은 세 숟가락의 이밥을 횡재라도 만난 듯이 감격스레 나누어 먹곤 했다.

쌀독에서 쌀을 푹푹 퍼내서 밥을 지었다가는 요령 없이 헤프기만 하다는 타박을 지난날에 엄마한테 들어야 했다. 그 경험과 세 숟가락의 쌀밥을 나누어 먹었던 뭉클함 때문인지 나는 지금까지도 영양분을 따지기 전에 잡곡보다 쌀이 더 값어치 있게 여겨진다. 그런 쌀이 커피에 밀린다니 다른 세대를 살고 있다는 느낌을 떨치기 어려울 뿐이다.

(2015. 1.)

# 여전히 꿈꾼다

언제부터인지 나에게 있어 휴가는 더 이상 때맞춰 떠남을 의미하지 않았다. 좀스럽게 현실적인 주머니 사정을 들먹거리지 않더라도 '휴가는 한여름에' 떠난다는 공식이 내키지 않기도 하였다. 가을과 겨울, 봄도 얼마든지 떠나기 좋은 때이지 않던가. 게다가 '휴가'라는 말도 의무와 강제를 동반하는 것 같아서 같은 값이면 나는 '여행'이라는 말을 더 좋아한다.

훌쩍 떠나지 못하는 별의별 이유를 다 생각해 냈다. 성가신 모래를 털어낼 필요도 없고 짠내 나는 몸을 씻기 위해 돌아다니지 않아도 된다는 것. 또한 자외선 차단제를 바르지 않아도 얼굴이 볕에 그을릴 것을 염려하지 않아도 되고, 기약 없이 정체되는 차 안에서 따분해하지 않아도 된다는 것이 떠나지 못하는 스스로의 위안이었다.

어쩌면 이런 것들은 가지 못하는 궁색한 구실일 뿐이고 진짜 이유는 쫓기듯 사는 마음 때문이기도 하리라. 그러다 보니 휴가에 대해 은연중 무덤덤해졌지만 나도 남들처럼 몰려가서 잊을 수 없는 추억을 만들고 싶지 않은 것은 아니다. 하루 이틀쯤은 일상에서 놓여나 세상만사를 잊은 듯 자유롭고도 싶다. 다만 내가 원하는 것은 '휴가'가 아닌 '여행'을 가고 싶은 것이다.

몇 해 전에 제법 숙녀태가 나는 딸아이를 보자 작은 바람을 갖게 되었는데 딸아이와 단둘이 여행을 하고 싶다는 것이었다. 소박하게 꾸린 짐을 싣고 오늘 가다 지치면 발길 머무른 곳이 잠자리가 될 것이며 내일 걸음을 내디뎌 떠나는 곳이 가게 될 곳이 되는 여행.

막연한 바람이었던 것이 근래에 들어 점점 구체적으로 여행의 밑그림이 그려진다. 딸과 떠나는 고향으로의 여행. 입추, 말복 지나고 선선한 밤기운과 더불어 추석을 떠올림으로써 더욱 그렇다. 나에게 추석은 늘 고향과 동의어로 다가온다. 비록 풍족하지 않았지만 마음이 풍요로웠던 때가 고향의 추석이었으므로 이즈음에서 나는 아직 이루지 못한 그 여행을 꿈꾼다.

넉넉잡아 칠일 간의 온전한 여유가 주어진다면 나의 고향으로 달려가리라. 닿게 되면 우선 사과밭을 거쳐 밭 가장자리에 있는 어머니 아버지 산소에 정종 한 잔을 따르고 엎드려 절하고 싶다. 내 나이 스물에 돌아가신 어머니 산소 앞에 열여덟 살 딸아이를 선뵈면 "예전의

너를 꼭 닮았구나."라고 할 어머니 음성을 듣고 싶다.

그 칠일의 첫째 날은 내 아버지를 생각하고 싶다. 빈틈없는 분이었지. 추수 때가 되면 먼 곳에서 흙을 져 날라다 돌을 고르고 곱게 마당을 바르곤 하였지. 너른 밭에 온갖 과실수를 심어 풍성한 과일을 맛보게도 하였고. 손재주가 남달라 웬만한 농기구는 손수 만들었는데 특히 풍구는 맵시가 뛰어나 여태까지 그런 풍구는 보질 못했어.

둘째 날은 어머니만 생각하고 싶다. 열다섯 살에 종갓집 맏며느리로 시집와서 모진 시집살이를 했다지. 고생 끝의 낙을 누리지도 못하고 아깝게 가신 어머니. 내가 딸을 낳고 보니 나를 향한 어머니의 마음이 어떠했는가를 알겠어. 나에게도 어머니가 있었구나. 뵌 지가 오래여서 잊은 줄 알았는데 내 속에 있었어.

셋째 날은 샘물을 구경하고 싶다. 무덥고 어둔 밤에 모여 샘물가에서 하던 목욕은 정말 아찔하고 시원했지. 높은 산 깊은 계곡에서 흘러내린 물맛은 일품이었는데. 겨울에는 얼음이 두껍게 얼어 도끼로 둥긋하게 깨뜨려 물을 퍼 올리곤 했지. 먹는 이 없는 지금도 멈추지 않고 흐르고 있을 테지.

넷째 날은 집을 지키던 감나무를 둘러보고 싶다. 어리던 내가 두 아름으로 안을 수 있던 감나무는 집 앞과 뒤에 한 그루씩 있었는데 집 앞 감은 홍시가 되었고 집 뒤 감은 곶감이 되었지. 햇빛에 단 양철 지붕 위에 널린 꾸덕꾸덕해진 곶감을 먹고 싶었지만 엄한 아버지 때문에 참아야 했던 고통을 알아? 동지섣달에 뒤주에서 꺼내 먹던 살짝 언 홍시의 맛을 지금은 어디에서 맛볼 수 있을지.

다섯째 날은 앞산에 섰던 큰 밤나무 아래에 가고 싶다. 아침이슬이 내린 밤나무 아래 풀숲을 헤치면 만나던 가을의 선명한 얼굴. 다람쥐가 갉다 만 밤을 두고두고 아까워했던 어린 내가 생각 나. 옷자락과 주머니가 불룩해져 내려오면 실한 것을 골라 제수祭需로 쓸 요량으로 어머니가 더 반가워했는데. 고운 빛깔의 밤을 주우러 눈 비비고 나서던 때가 엊그제 같아.

여섯째 날은 예닐곱 가구에 살던 이웃을 보고 싶다. 효심과 우애가 깊던 앞집 형제들과 대학을 다니던 뒷집 오빠의 가족은 어디서 살고 있을까. 개를 무척 무서워하던 도랑 건너 아이들은 제 짝을 찾았겠지? 노부모를 모시던 길 건너 수더분한 아줌마는 살아 계실까.

일곱째 날은 '학교 가는 길'을 따라 학교를 가고 싶다. 멀기도 했지. 눈이라도 많이 내린 날은 비료포대를 타고 내려가기도 했는데 신나는 일이었어. 신발 속에 눈이 가득해도 행복했던 날들. 학교에서 돌아오는 길에 벚과 오디를 따먹은 손과 입은 시꺼멓기 일쑤였고, 멀쩡한 길을 두고 험한 골짜기를 타고 오르다 다리는 온통 상처였었어. 돌틈에 숨겨 두었다가 하굣길에 꺼내 먹던 도시락의 참맛을 남들이 어찌 알랴.

고향에서 보낸 칠일 동안 우리는 달라져서 돌아올 것이다. 딸아이에게는 보이지 않는 연대감과 세월 너머의 근원을, 나에게는 마음에 내내 자리하고 있는 잊지 못할 것들의 되새김질을 통해 영혼의 안정을 갖게 해 주리라. 안정을 찾아 평온해진 나에게 남은 것이 있다면 마지막 그 하나까지라도 아이에게 전해질 수 있기를 희망한다. 부디 이 여린 영혼이 아름다운 세상의 선한 사람으로 거듭날 수 있기를.

이것이 당장 떠나지 못하지만 내가 꿈꾸는 여행의 대강이다. 나의 여행은 여름과 함께 끝난 것이 아니다. 그 꿈은 가을, 겨울, 봄을 지내는 동안 언제라도 현실로 옮길 수 있는 실체이다. 고향이 거기에 있는 한 꿈은 여전히 살아서 내가 때로 지칠 때 나를 일으켜 주는 힘이 될 것을 안다.

(2005. 8.)

## 2부

# 미완

삶이든 예술이든 때로는 여백이 있을 때 오히려 가득함을 느낀다. 보일 듯 말 듯 마음에 차오르기 때문일 것이다. 그것은 색바람의 간지럼을 받는 느낌이기도 하고 실바람에 묻어오는 꽃향기를 맡는 기분이기도 하다. 이 벅참을 어떤 언어로도 표현하기 어려울 듯하다.

# 미완

언제부터인가 외모와 집안, 학벌 등을 골고루 갖춘 사람을 엄친아나 엄친딸이라고 부른다. 거개가 여러 조건 중 하나쯤은 빠지기 마련인데 이들은 남이 부러워하다 못해 시샘의 눈으로 바라보게 되는 사람들이다. 그러나 왠지 흠 잡을 데 없이 완벽에 가까운 사람에게는 거리감이 생긴다. 어딘가 모자라는 구석이 있어야 인간적이다. 인간적이란 말속에는 친근하다, 만만하다는 뜻이 담겨 있다. 즉 허술한 데가 있어야 가까이하기에 거리낌이 적다는 뜻도 된다.

다들 취향이 다르지만 나의 경우 예술가의 작품도 미완성으로 남을 때 더 눈길이 간다. 피카소의 그림 중에 〈광대 옷을 입은 폴〉이라는 그림이 있다. 피카소가 아들에게 광대 옷을 입혀 놓고 그린 초상화다. 얌전히 앉아 있는 폴의 볼은 발그레하고 두 손을 마주 잡은 모습이

긴장한 듯하다. 그림의 가운데를 장식한 아들만 보면 이 그림이 정말 피카소의 그림인가 하고 의아해진다. 그만큼 피카소의 그림 중에 파격이다. 더구나 이 그림은 그리다 말았다. 밑그림이 다 그려져 있는 상태의 그림에 채색을 마저 하지 않은 그림은 궁금증을 일으킨다.

피카소 그림의 특징은 보이는 대로 그리는 것이 아니라 느끼는 대로 생각하는 대로 표현하는 것이다. 그래서 피카소의 그림을 언뜻 보면 '아무나 그릴 수 있을 것 같은데 그림 한 점에 몇 천 억씩이나 하다니.'라는 생각이 들기도 한다. 대상을 형상화한 듯 추상적이고 어린아이가 그린 그림같이 어설퍼 보이기도 하다.

많은 그림들 가운데 이 그림 말고도 종종 그림을 완성하지 않았다고 하는 피카소는 "끝낸 그림이란 결코 없을 것이다. 다만 한 그림의 여러 상태가 있을 뿐이다."라고 말했다. 말 속에 든 뜻을 곱씹어 볼 필요가 있다. 그의 말대로라면 완성되지 않은 채로 남겨둠으로써 완성한 것이며 그것으로 목적한 바를 이룬 것은 아닐까 한다.

사람의 일도 이와 다르지 않다. 가득 채워야 완성인 것처럼 여기는 시선으로는 존재하는 것의 본질을 제대로 볼 수 없다. 피카소의 말처럼 끝남이 어디 있을 것이며 다양성 또한 얼마나 무궁무진할 건가.

그는 자신의 작품세계에 대한 일부 부정적인 시각에 일침을 가한다. 자신은 어린아이처럼 데생한 적이 없고 열두 살 때 이미 라파엘로처럼 그렸다고. 이는 편협한 자만심에서의 반발이 아니다. 열다섯 살 때 스페인 미술의 전통을 소화해 풍속화와 초상화를 능란하게 그려냈다는 것과 열여덟 살 때는 스페인 대표로 파리 만국 박람회에 출품했다는 것은 그의 천재성을 보여주기에 충분하다.

이뿐 아니라 수만 점의 작품을 남긴 그가 실력이 모자라거나 게을러서 끝내지 않았을 리는 없다. 피카소는 그림을 그릴 때 처음에는 아주 세밀하게 그리고 점차 선을 생략하며 추상화하는 자신만의 독특한 기법을 썼다. 나아가 가끔은 마무리를 하지 않은 채 끝맺음을 하는 배짱을 보이기도 했다. 완전해 보이게 채우지 않고 감히 끝냈다고 말하는 데에는 두둑한 뱃심이 있어야 했으리라.

추측하건대 오랜 세월을 누비는 동안 깨우친 피카소의 지혜가 아니었을까 싶다. 치밀한 데생을 바탕으로 철저하게 계산된 만만한 마무리! 어설픈 그림이라거나 미치광이의 그림이라는 식의 비판 앞에서 자신의 철학을 지킨 피카소는 그래서 대가가 될 수 있었던 것은 아닐까.

대가의 흉내를 내 보자면 우리도 내면으로는 실속을 차리면서 겉으로는 짐짓 허술해 보이도록 해봄직하다. 본래 사람들은 자신보다 나은 사람을 경계하거나 끌어내리기도 한다. 또한 대적하기 어렵다고 생각할 때는 앞에서만 비위를 맞추려는 위선을 보이기도 한다. 잘난 사람일수록 본의 아니게 외로워지는 것은 그러한 심리가 작용하기 때문이다.

세상의 기준은 완벽, 완수, 완결 등 빈틈없는 종결에 맞추어져 있다고 해도 지나치지 않다. 그러나 이러한 기준을 충족시킬 사람이 몇이나 되겠는가. 없다고 단정해도 빗나가지 않을 것이다. 저마다 처한 상황과 잣대가 다르고 능력과 가치도 다른 까닭이다.

삶이든 예술이든 때로는 여백이 있을 때 오히려 가득함을 느낀다. 보일 듯 말 듯 마음에 차오르기 때문일 것이다. 그것은 색바람의 간지럼을 받는 느낌이기도 하고 실바람에 묻어오는 꽃향기를 맡는 기분이기도 하다. 이 벅참을 어떤 언어로도 표현하기 어려울 듯하다.

무언가를 끝낸다거나 완수한다는 말에는 생각하기에 따라 이중의 뜻이 들어 있다. 어떤 일을 '종결하다'의 뜻도 되지만 '마무리하다'거나 '끝장내다'의 뜻도 된다. 구분이 모호하지만 결국 삶의 어느 부분이라도 자신의 의지에 따라 끝맺음을 하면 그것이 남이 보기에 미완일지라도 곧 자신만의 삶이 된다는 의미다. 허술한 구석이 많아 헤아릴 수 없는 나로서는 이러한 우격다짐의 논리로나마 스스로 위안을 삼는다.

순간마다 최선이라고 믿었으나 돌아보니 온통 조각들로 기워져 있다. 색깔과 무늬가 제각각이고 보잘것없지만 나만의 독특한 조각보가 되어 있다. 여기에 앞으로도 미완의 조각들이 하나씩 보태어질 것이다. 그러면 나의 삶도 완벽한 종결은 되지 않겠지만 한 폭의 그림은 되지 않을까.

(2013. 7.)

# 아이의 내복

잠자리에 들 때 입는 옷 중에 내가 특히 편하게 생각하는 것이 있다. 지금은 컸다고 내복을 입지 않게 된 아이가 초등학생일 때 입던 노란 내복이다. 당시 인기를 끌던 것으로 가슴께에 '세일러 문' 만화 캐릭터 그림과 야광별이 곳곳에 박혀 있다. 그것을 살 때 가슴에서 별이 빛난다는 사실 때문에 아이는 열광했다. 차츰 아이는 옷맵시를 따지게 되었고 점점 내복은 옷장 서랍에서 묵혀져 갔다.

계절이 바뀌어 옷 정리를 하다 내복을 다시 발견하게 되었다. 멀쩡한 것을 버리자니 아깝고, 그렇다고 앞으로 아이가 이 내복을 입는다고는 볼 수 없으므로 처치곤란이었다. 내 몸에 대어 보니 얼추 맞을 것 같았다.

이제는 슬슬 무릎이 시리고 따뜻한 것이 그립다. 그런지라 모양보다도 편하고 따뜻하면 된다는 생각에 어느 날 잠자리에 들 때 노란 내복을 입었다. 난데없는 차림새에 아이는 자지러졌다. 자신이 입던, 더구나 몸의 윤곽이 빠짐없이 드러나게 착 달라붙는 내복을 입은 어미를 보고 '통 아저씨'라 놀렸다. 아예 춤 한번 춰 보라고 멍석을 깔았다. 궁하였지만 체면도 잊은 채 '개다리춤'으로 답례를 하곤 내내 잘 입었다.

그러다가 친구로부터 내복 한 벌을 생일선물로 받았다. 고상한 팥죽색에 목선을 따라 레이스가 달려 있고 팔꿈치 부분에는 압박밴드가 덧대어져 있는 것이었다. 보기에도 질감이나 박음질 등의 마무리가 꼼꼼했다. 주는 사람의 마음도 고맙고 내복도 마음에 들었다.

그런데 이것을 입고 보면 너무 조여 편하지가 않았다. 신축성이 좋은 소재이고 압박밴드가 있는 것이어서 그러려니 했는데 사이즈가 문제였다. 보통 90사이즈를 입어야 맞는데 85사이즈를 입으니 불편했던 것이다.

알고 보니 친구는 아이더러 너희 엄마에게 무엇을 선물하면 좋겠냐고 물었던가 보다. 그랬더니 '내복'이 필요하다고 하더란다. 따뜻하기도 하고 점점 적당히 늘어난 노란 내복이 편해서 즐겨 입었더니 이 녀석의 눈에는 제 어미가 내복이 없는 것으로 보였나 보다. 내 속옷 사이즈를 정확히 모르는 친구의 갑작스런 물음에 아이는 노란 내복의 사이즈를 보고 85사이즈라고 했던 것이다.

연한 팥죽색 내복을 입으면 보기에는 좋다. 목 부분의 장식이 여성스러운 분위기를 자아내고 세심하게 건강까지 배려한 것이 느껴진다. 그뿐만 아니라 톡톡한 소재가 몸매를 잡아주어 날씬해 보이기까지 하다. 하지만 이 옷을 입으면 깔끔하게 정돈된 곳에서 얄미울 정도로 감질나게 하는 경양식을 먹는 기분이 든다.

노란 내복은 무릎과 팔꿈치도 튀어나오고 목둘레와 소매가 늘어나기도 해서 입었을 때 볼썽사납다. 보풀이 일어 좁쌀이 들러붙은 것 같은 내복은 누가 봐도 볼품은 없다. 그렇지만 몸과 마음이 편하다. 옷은 입으면 몸이 편해야 하고 몸이 편하면 마음까지 편하게 된다. 이 내복을 입으면 골목길 모퉁이의 허술한 음식점에서 허리띠를 끌러 놓고 배부르게 먹는 듯한 생각에 몸과 마음이 그리 푸근할 수가 없다.

아마 같은 사이즈라고 해도 노란 내복이 편하다고 생각되었을 것이다. 지나온 세월만큼 늘어난 품이 사람의 넉넉한 마음 같아서다. 또 내가 어렸을 때 입었던 내복에 대한 그리움 때문이기도 하겠다. 그때는 해지면 꿰매 입고 소맷부리가 짧아지면 헝겊을 이어 붙여 '마르고 닳도록' 입었다. 속옷도 되고 실내복도 되고 잠옷도 되었으니 내복은 자신의 체온을 가장 잘 보듬은 살갗과 같은 존재이기도 했다. 내복 솔기에서 서캐와 이를 잡아 화로에 던지면서 통쾌해했던 기억도 허름한 내복에 정이 가는 데 한몫한다.

넉넉한 가슴 같은 내복 속으로 나는 매일 밤 몸을 들이민다. 자리에 누워 밝음이 사라지기를 기다리면 가슴에서 별이 빛난다. 냉큼 잠을 이룰 수 없다. 별빛 때문만은 아니다. 빛나는 별을 달고 잠자고 싶었던 아이를 느낄 수 있을 것 같기도 하고 내 유년의 푸근했던 시간들의 방문이 기다려지기도 하기 때문이다.

아이의 내복을 입으면 내 작은 몸에 나와 아이가 함께 있는 듯하다. 꿈이 많아 날마다 되고 싶은 것이 달라지던 아이와 늘 함께 잠들고 함께 일어나는 착각이 든다. 그리고 내복 차림으로 떨던 어린 내가 함께 따뜻해지는 것 같기도 하다. 외풍과 새벽녘이면 식어버린 구들 때문에 웅크리고 잠자던 어릴 적 내가 어느새 내 겨드랑이를 파고들어 잠을 청하고 있는 것 같다.

여전히 별은 빛나고 옆방에서 잠자고 있는 아이의 심장 소리가 들리는 듯하다. 옆구리에서 오래전의 내 숨소리가 전해져 오는 것도 같다. 사람은 묵을수록 좋고 옷은 새 것일수록 좋다지만 나는 오랫동안 아이의 내복을 벗을 수 없을 것만 같다.

(2007. 3.)

# 선퇴

아들을 훈련소에 보내고 왔다. 겪어 보지 못한 세상의 두려움 때문에 녀석은 납으로 만든 신을 신고 걷는 듯해 보였다. 하나 이미 클 대로 큰 몸으로 더 이상은 버틸 수 없다는 것을 스스로도 잘 알고 있다. 그렇기에 벌떼 같은 무리 속에 수월히 밀어넣고 올 수 있었다.

돌아와 빈집에 앉아 있자니 매미의 허물이 된 기분이다. 섭리에 따라 성충을 날려 보내고 반투명한 몸체만 남아 자리를 지키는 운명. 어미가 된 자도 때가 되면 곁이 비는 것을 어쩔 수 없이 받아들여야 한다는 점에서 비슷해 보인다.

떠나보내야 한다는 것은 알면서도 막상 떼어놓고 오자 아들이 차지하고 있던 자리는 속이 빈 울림통 같다. 미세한 움직임에도 전체가 울린다. 허허로운 마음은 자꾸 지난 일만 기억해낸다. 돌아보니 알에서 굼벵이를 거치는 긴 세월을 보내고 성충이 된 자식을 힘겹게 품은 채 나무에 올라온 듯하다. 이제 막 우화를 마친 아들은 날개를 펴고 한 발 내디디려 한다. 여태껏 다 큰 녀석을 담고 있던 내 몸은 한순간에 속이 훤히 들여다보인다.

피할 수 없는 길을 가야만 한다는 것을 알기에 응석 삼아 그간 나의 속을 태웠나 보다. 제 누이와 다르게 녀석은 유달리 손이 많이 가게 했다. 알에서 부화할 때도 고비였고 애벌레에서 번데기가 될 때도 홍역을 치렀다. 일련의 과정들을 지날 때마다 무탈하기를 빌고 놀란 속을 달래기를 거듭했다. 그러면서 늦되려고 그러는가 싶다가도 한편으로는 아들과 일정한 거리를 두는 연습도 했다.

아들이 입소할 때 입고 갔던 옷상자가 오면 어미의 마음이 짠하다고들 한다. 그러나 애틋함도 잠시 나는 그간의 단련 덕분인지 옷가지를 봐도 여행에서 돌아온 녀석의 허물을 보는 것만 같다. 아들이 내 품에서 빠져 나갈 때 갈라놓은 등은 이제 아픔조차 잘 느껴지지 않는다. 땅속 같은 세월을 지나오는 동안 감각을 모두 잃어버렸나 보다. 무감각해진 몸과 헛헛한 감정만이 아들이 빠져 나간 흔적으로 남았다.

언제부턴가 내 속에서 몸을 키운 자식들은 날개를 서서히 펴고 말리며 날아갈 준비를 했다. 날개를 말리는 동안은 빠져 나온 허물을 붙잡고 숨고르기를 하는데, 나에게 그 시간은 긴 듯하면서도 짧았다.

얼마 지나지 않아 화려한 날개를 당당히 펼치기 시작했다. 지금은 인생의 가장 빛나는 시기를 지나고 있다.

여름처럼 한껏 부푼 아이들이 세상을 향해 자신의 목소리를 내고 있는 모습을 지켜본다. 전 같으면 서툰 부분을 바로잡으려고 안달이 났을 것이다. 그러나 이제는 한곳에 서서 바라만 본다. 나의 한계 때문이기도 하겠지만 제 몸으로 부딪쳐 체득해야만 자신의 것이 됨을 알기 때문이다.

나도 날갯짓을 시작한 이래 노래를 알 즈음부터 세상의 천적과 맞서 나와야 했다. 셀 수 없는 난관에 맞닥뜨렸지만 내가 오늘에 이를 수 있었던 것은 뒤를 봐준 또 다른 선퇴들 덕분이다. 부모님일 수도 있고 소소한 도움을 준 많은 이들일 수도 있다. 표내지 않고 손길을 보탠 그들이 없었다면 평온한 마음으로 아들을 덤덤히 보낼 수 있었을까. 손대면 바스라질 것 같은 몸으로 거친 나무줄기에 붙박고 있는 선퇴와 같은 역할도 나쁘지만은 않다. 훌훌 내려놓고 가뿐함을 즐긴다.

매미처럼 인간도 한철을 살다 가기는 마찬가지다. 짧은 생 동안 자신의 존재감을 드러내려는 노랫소리는 그래서 절절하다. 목청껏 내는 소리에 귀 기울이면 각자의 속내를 알 것만 같다. 여럿이 앞다투는 소리는 때로 소음이 되기도 하지만 그들의 한살이를 이해한다면 어느 한 음절인들 절창이 아닌 것이 있으랴.

아들은 다시 한 번 탈바꿈을 하고 있는 중이다. 물선 환경에서 적지 않은 어려움도 있을 것이다. 그렇지만 나는 아들의 변태를 기껍게 기다린다. 허물을 벗고 새로운 모습으로 변하는 것은 섭리이자 발전을 의미하기 때문이다. 또 다른 성공적인 한살이를 위하여 어두운 밤에도 변화를 멈추지 않아야 하리라.

나를 차지하고 있던 일부가 빠져 나간 자리에 그리움이라는 새 감정이 차고 있다. 애증의 시간을 함께하던 아들에게 아침저녁으로 구애를 하듯 편지를 쓴다. 가슴에 담아 두었던 말들은 마치 매미들의 짝을 찾는 가락처럼 아들의 귓전을 파고들 것이다. 텅 빈 것 같던 껍질 속으로 미쁨이 그득 차오른다.

(2014. 3.)

# 시간이 멎은 버스

여느 해보다 무더운 여름이었다. 달구어진 하늘을 식히기라도 하듯이 팔월의 끝은 비가 갤 날이 없다. 오늘 건강보험공단에서 무료 이동 검진을 하는 날이다. 비가 지분지분하는지라 우산을 받지 않고 읍사무소로 들어갔다. '검진하시는 곳'이란 안내 표시를 보고 '하는'도 아닌 '하시는'이란 표현에 그만큼 극진하게 모시겠다는 뜻이 담겨 있는 듯해 코웃음이 나왔다.

올해 들어 작년에 검진을 받지 않은 대상자에게 안내문이 왔다. 그러고 얼마 지나 '병원이 멀거나 시간을 내기 힘든' 대상자를 위해 이동 검진을 실시한다며 다시 안내문이 왔다. 담당자로부터 검진 일정을 안내하는 전화도 왔다. 정성이 이만하니 떠밀려 가보기라도 해야 할 것 같았다. 아침 8시부터라고 했다. 속이 비었으니 얼른 다녀와야 밥

때도 놓치지 않을 것이고 하루 일정에 차질도 없을 것이었다.

너무 이른 것은 아닌가 하고 좀 늦춰 왔는데 더 부지런한 사람들로 이미 들어차 있었다. 소변검사와 혈액검사를 하고 시력검사와 청력 검사를 했다. 심전도검사를 하기 위해 여성들은 윗옷을 모두 벗고 가운으로 갈아입어야 했다. 가운 차림으로 읍사무소 주차장에 세워진 검진버스에서 엑스레이를 찍을 차례였다.

당연히 앞의 검사들처럼 진료가 순조롭게 진행되어 차례가 금방 될 줄 알았다. 그러나 먼저 간 사람들이 버스 안을 차지하고 앉아 있었다. 그중 누군가가 말했다.

"서류를 거기 밑에다 낑가 놓으소. 한참 기다리야 될 거 같구만. 사람이 없어가 저 뒤 버스에서 하다가 이리로 와서 하다가 하는구만."

인력을 제대로 확보해 놓지도 않고 바쁜 사람들에게 도대체 이게 무슨 노릇인가 싶어 심통이 났다. '병원이 멀거나 시간을 내기 힘든' 대상자를 위한 이동검진이 아니라 '돈 없고 시간 많은' 사람들을 위한 자리라는 삐딱한 생각까지 들었다.

재작년에도 멋모르고 가까운 데서 했다가 실망했던 게 생각났다. 검사가 너무나 형식적이어서 '무료'니 오죽하겠나 싶었다. 바빠도 다시는 출장검진을 받지 말아야지 했는데 어쩌다 보니 또 하게 된 것이다.

버스 안에 빈자리가 없기도 하여 버스 층계에 쭈뼛이 서 있었다.

"여기 와 앉으소, 한참 기다리야 될끼까네."

얼굴이 번들한 남자가 옆으로 당겨 앉으며 권했다. 읍 단위 소재인 이곳에 검진을 받으러 온 사람들은 연령대가 대부분 오십대 이상이었다. 그들에 비하면 나는 젊은이였다. 처음 본 사람도 늘 만나던 사람인 것처럼 이야기를 나누는 틈에서 참 멋쩍었다. 끼지 말아야 하는 데에 잘못 낀 듯이 뻘쭘하였다.

고개를 돌려 버스 안의 의료장비를 무심히 둘러보았다. 마음은 바빴지만 하는 수 없었다. 한참 후 하얀 가운을 입은 진행자가 나타나 말했다.

"많이 기다리셨죠? 저 뒤랑 여기를 우리 둘이 다 해야 하니까 어쩔 수 없습니데이. 기다리는 수밖에. 자, 이 순서대로 하면 되죠?"

이름을 부르자 한 사람씩 엑스레이 촬영실로 들어갔다.

기다린 것에 비해 싱겁게 마치고 이제 다른 버스에 가서 여성암검사와 위조영술을 받아야 했다. 철제 계단을 대여섯 칸 오르니 컴컴한 버스 안에 서 있거나 앉은 대기자가 가득했다. 간신히 발만 들여놓고 서서 기다려야 했다. 시계를 자꾸 보게 되었다. 시간은 흐르고 있었지만 버스 안의 시간은 멈춘 채 바깥의 사정에는 무관해 보였다. 진공 속에서 모든 것이 마비되어가는 것 같았다.

버스 밖에서 기다리던 사람이 가리개가 반쯤 가려진 버스 안을 기웃거리는 횟수가 늘어갔다. 그 사이를 비집고 다른 버스에 있던 진행자가 다시 나타났다.

"자, 자, 촬영 들어갑니데이. 설명 잘 들으소. 고개를 뒤로 젖히고 아, 하세요. 이 약을 꿀꺽 삼키고, 또 이건 다 마시고 한 모금만 입안에 머금고 계시소. 절대 트림을 하면 안 됩니데이. 다 알아들으셨죠? 절대 트림을 하면 안 됩니데이. 위가 쪼그라들면 처음부터 다시 해야 되니까 잘해 봅시데이."

위가 쪼그라들어 약 먹는 것부터 다시 시작하면 시간도 더 걸리고 고생도 더할 것은 분명하다. 더구나 여러 사람이 지켜보는 앞에서 잘 못하다간 망신스러울 수도 있을 것이다. 사람들 얼굴에서 비장감이 비쳤다. 한 모금을 입안에 머금으라고 강조한 조영제를 다 마시지나 않나 싶어서 앞 사람을 쳐다보며 걱정을 한다.

"한 모금 남겼어요?"

진행자가 다른 사람 입안에 과립을 털어 넣어 주며 "아." 하면 나도 모르게 고개를 젖히고 "아."를 하고 있었다.

위조영술을 받기 위해 안에 들어가 신발을 벗고 올라서면 진찰대가 뒤로 눕혀지고 스피커를 통해 행동 지시를 받는다. 왼쪽 벽을 보고 돌아라, 오른쪽으로 약간만 돌려라, 엎드려라, 한바퀴 돌아라, 숨을 멈춰라, 팔을 올려라…. 당사자는 온통 정신을 뺏겨 몽롱할 뿐이다. 오직 '트림을 하지 말아야지.'라는 생각밖에 없다. 그런데 밖에서는 모니터를 통해 안에 있는 사람의 주머니에 든 열쇠꾸러미를 보고, 동전을 보고, 버클을 본다.

"열쇠 뺍시데이~. 쇳대 빼시소~ 쇳대! 동전 꺼내 바닥에 던지소. 이따 안 주워가면 제가 가집니데이. 허리띠 끌르소."

호객하는 장사꾼처럼 운율을 넣어 외치는 소리에 사람들은 기다림에 지쳐 불만에 찼던 것은 생각지도 않고 웃는다. 안과 밖이 전혀 딴 세상이다.

촬영을 마친 사람이 머리와 차림이 헝클어진 채 나오면 밖에 있던 사람들은 그에 대해서 많이 알게 된 것처럼 생각되었다. 묘한 동화가 느껴졌다. 조영제가 허옇게 묻은 입을 닦으라고 냅킨을 건네주고, 혹시 잊은 소지품을 챙겨주고, 철제 계단을 내려갈 때 뒷모습을 눈으로 배웅해 준다. 한 배를 타고 동고동락한 듯했다.

밖에 나오니 마법에서 풀린 듯 멈췄던 시간이 갑자기 빨라졌다. 주차장에는 순서를 기다리는 사람들로 붐볐다. 구불구불한 줄을 피해 빠져 나가자 안면이 없는 여자가 나를 발견하고 반갑게 쫓아왔다.

"아이고, 이제 가운이 생겼네."

다른 검사가 진행되고 있는 읍사무소 3층으로 오르면서 여자는 바깥소식을 전해주었다. 기다리다 화내고 간 사람도 있는데 그중에 스님 한 분은 서류를 박박 찢어버리고 가버렸단다. 3층에도 시간을 붙들어 맨 사람들이 피난민처럼 앉아 있었다.

예닐곱 가지를 검사했을 뿐이고 걸어서 5분도 안 걸리는 읍사무소인데 돌아오니 두 시간이 훌쩍 넘어 있었다. 차라리 가까운 병원에 갔더라면 깨끗한 환경에서 편하게 서비스를 누리고 왔을 것이다. 하지만 시간이 멎은 듯한 버스에서의 경험이 오랫동안 잊혀질 것 같지 않다. '느림' 속에 존재하던 인간적 연대감이 나를 자유롭게 놓아주지 않을 것이다. 후회를 하면서도 다시 이 버스에 오를지도 모른다.

(2007. 8.)

# 두 번째 출가

아버지는 늘 딸은 출가외인이라고 강조하였다. 말수가 적었던 분이어서 아버지의 말 중에 기억에 남는 말은 달리 없는데 유독 그 말이 깊이 박혔다. 어릴 때는 그 말이 정확히 무엇을 뜻하는지도 모르고 딸은 출가외인, 나도 딸이니까 출가외인, 이렇게 은연중에 새기게 되었다.

그러다 나는 철없는 때에 멋모르고 출가를 했고 외인이 되었다. 그제야 아버지가 말한 뜻을 일부 알아차리고는 서운한 마음이 컸다. 출가할 딸이라고 하여도 낳아서 기른 자식에 대해 무 자르듯 애정이 없다는 뜻인 것만 같아서였다. 오래전에 끊긴 탯줄이지만 여태 달려 있다가 막 끊기고 내쳐진 기분이 들었다.

물론 아버지가 말한 출가외인의 의미와 내가 받아들인 뜻의 차이는 있다. 하지만 실제 출가는 아버지의 말이 씨가 된 듯 녹록하지 않았다. 새 환경에 적응하느라 피붙이를 챙기는 일이 쉽지 않음을 곧 알게 되었다. 그래서 아버지가 딸은 출가외인이라고 했던가 보다고 여겼다. 어느 정도 수긍을 하자 아버지의 말에 서운했던 감정은 사그라졌다. 아버지가 인이 박이도록 말한 출가외인인 딸을 둬 보니 아버지의 마음 한 자락을 알 듯도 했기 때문이다.

우주선이 지구의 궤도를 지날 때는 큰 충격을 견뎌야 한다고 한다. 딸들이 부모를 떠나 새로운 가족 속으로 들어가 자리를 잡는 과정도 그에 못지않은 큰 변화가 아닐까 싶다. 특히 나는 타인과 잘 지내는 데에 어려움을 많이 겪는 편이다. 두드러지게 모난 것은 아닌 듯하나 외곬으로 치닫는 경향도 있다. 그렇다 보니 같은 상황이라도 받아들이는 정도나 결과가 다르게 나타났다. 거역할 수 없이 얽힌 대인관계에 서투른 자신을 책망하며 힘든 시간을 보내다 나는 두 번째로 출가를 하게 되었다.

나의 입장에서, 그것도 지금에서야 출가라고 우기는 것이지 어쩌면 울타리를 뛰쳐나온 것이므로 보기에 따라 가출이라고 볼 수 있는 출가였다. 도망치듯 빠져 나왔으니 처음에는 나 자신도 가출이라고 생각했다. 다만 내 입으로 인정하기 싫었을 뿐이다. 사실 출가나 가출이나 집을 나온 면에서는 같다. 그러나 나는 점차 나의 식대로 출가와 가출에 대해 정의 내리고 유리한 쪽으로 자신이 집을 나온 행동에 대입시켰다.

즉 단순히 생각 없이 집을 뛰쳐나온 것은 가출이요, 무언가 새로운 것을 시작하기 위해 굳은 결심을 하고 집을 나온 것은 출가라는 식이다. 단순히 홧김에 나온 것이 아니라 나를 찾기 위한 절실함이라는 것을 명확히 하고 싶어졌다. 격정적인 마음으로 행한 일이 아니라는 것을 증명해 보이고 싶었다. 문제를 해결하는 방법이 다소 올바르지 않았고 손에 잡히는 목표가 있었던 것은 아니었다. 그렇지만 이내 방향을 잡고 생각한 바를 좇아 흔들림 없이 나아가야만 했다. 그것이 내가 가출한 것이 아니라 출가했다고 주장할 수 있는 유일한 증거가 될 수 있을 것만 같았다.

두 번째 출가는 첫 번째 출가와는 확연히 달랐다. 사방이 안개로 자욱한 들판에 벌거벗은 채 서 있는 것 같은 심정이었다. 첫 번째는 통과의례로서 주위의 축하를 받으며 약간의 의무감을 갖기도 했다면 두 번째는 많은 것을 내려놓거나 잃으면서도 제 발로 나선 무모한 여정이었다. 어디로 가야 할지 무엇을 해야 할지도 모른 채 막막한 세계로 들어선 셈이었다. 장비도 없이 우주를 유영하는 것과 같은 위험한 탐험이었다.

속가를 떠나 불문에 드는 일과 비교할 수는 없지만 아마 그보다 못하지 않았을 것 같은 나만의 출가. 돌아보면 내가 택한 출가도 어느 것 못지않게 수행을 필요로 했다. 내가 선택한 삶에 대해 무책임한 사람이 되지 않기 위해 때때로 까무러칠 만한 상황에 맞닥뜨리기도 했다. 어쩌면 피를 토하는 일종의 득음의 과정이었을지도 모른다.

어찌되었건 집을 떠나온 사람이 감당해야 하는 일은 무수히 많다. 로빈슨이 무인도에 닿은 후 거처를 우선 손보았듯이 가장 서둘러야 하는 것은 보금자리를 만드는 일이 아닐까 한다. 지푸라기나 잔가지를 부지런히 물어다 집을 짓는 새들처럼 나도 둥지를 새로 만들어 그 안에 몸을 누일 수 있게 만들어나가야 했다. 어미도 없이 떨고 있을 어린것들을 생각하면 먹어도 먹는 것이 아니고 잠을 자도 자는 것이 아니었다. 이태 후 겨울이 가기 전에 정에 굶주린 것들을 둥지에 옮겨와 샛노란 입에 먹잇감을 물어다 넣어 주노라니 꿈만 같았다.

작은 둥지에서 조잘대던 아이들도 성장하여 떠나버린 이때에 새삼 두 번째 출가에 마음이 머문다. 당시에는 용기라고 믿었으나 돌이켜 보면 무모함이었다. 그러나 나에게는 첫 번째보다도 훨씬 삶에 미치는 비중이 컸던 출가였다. 비록 정답이 없는 여정이었지만 정답일 것이라 여겨지는 것들을 찾아 헤매면서 생각지도 못한 답들을 찾기도 했으니까.

그 답들은 스스로 찾았기에 더욱 귀하다. 출가든 가출이든 생의 한 과정이라는 것, 생은 자신이 중심이 되어 나아갈 때에만이 진정으로 가치 있다는 것, 가치 있는 것을 좇아서 가다 보면 언젠가는 답도 만나게 된다는 것. 그것이 정답은 아닐지라도 몸으로 체득한 것이라면 무

의미하지 않다는 깨달음이 내 안에서 형형하다.

어느 결에 옛일이 된 출가를 떠올리다 보니 사그라진 줄 알았던 아버지에 대한 서운한 감정이 불현듯 되살아난다. 곁에 계시기라도 한다면 아직도 딸은 출가외인이라고 여기는지 여쭙고 싶다. 출가에 출가를 거듭하는 동안 좁은 둥지에서 손길을 자주 준 딸에 대해서 나는 도무지 아버지와 같은 생각을 할 수 없을 것만 같기 때문이다.

그렇지만 다시 아버지의 심사를 헤아려본다. 어쩔 수 없이 떠나보내야 하는 딸에 대한 애틋함을 에둘러 표현한 것은 아니었을까 하고.

(2014. 12.)

# 집알이

경주의 '산내면 대현리'를 내 마음대로 그냥 '산내리'라고 부른다. 대현리보다 훨씬 정답게 느껴지기 때문이다. 산내리에 살고 있는 지인을 보러 한달음에 달려갔다. 보리는 먹게 되고 볏모는 자라서 심게 된다는 망종이면서 일요일이었다.

모처럼의 휴일인데도 그곳 '만물정' 주인은 두 팔을 벌려 맞아주었다. 우주 만물이 드나드는 공간이라는 만물정은 주인의 마음처럼 활짝 열려 있었다. 오붓한 시간을 염치없게도 훼방 놓는 것 같아 내내 미안한 마음을 감출 수 없었다. 그러나 산의 품에 안긴 넉넉함으로 주인과 집은 편하게 객을 보듬어주었다. 마당가에 줄지어 선 어린 남천도 온몸을 사르랑거리며 반겼다.

낙엽송 마감재의 은은한 향을 따라 2층 서재에 올라서면 삼십 년

된 오디오 기기가 관록이 느껴지는 모습으로 맞는다. 혼수로 장만해 온 것이겠지만 유행을 타는 세간이라 이사를 다닐 때 거추장스러워 버릴 만도 했을 것이다. 하지만 신주를 모시듯 모셔놓았다. 겉모양과 달리 회전반을 돌리면 금방이라도 신혼의 감미로움이 흘러나올 것 같다.

까만색 오디오 기기 위에 포개어 놓은 사기 접시는 객이 보기에는 특이할 것이 없고 어딘가 촌스러운 것도 같고 밋밋하다. 그렇지만 안주인의 어머님이 쓰시던 것이어서 더욱 마음이 가는 것이리라. 정겨움과 그리움을 세심하게 담아 둔 것이 느껴졌다. 그러자 연초록의 사기 접시는 세월을 거슬러 선조들의 숨결이 느껴지는 오래된 유물이라도 된 듯이 다가왔다.

서재의 한쪽 면을 다 차지하는 책장 바로 앞에는 앉은뱅이책상이 세월 저편에서 말을 걸어오는 듯하다. 회갑을 맞은 바깥주인께서 중학생일 때 쓰던 것이라는데 자세히 보면 온통 닳고 닳았다. 어른의 다리는 들어가지도 않을 것같이 낮은 책상의 서랍은 오랜 세월의 무게 때문일까. 서랍 바닥이 내려앉아 조심스럽게 다루지 않을 수 없을 것 같다.

만물정은 집안 곳곳에 오래된 것들이 알맞은 곳에 있어서 마음을 편하게 해 주었다. 요란하지 않아서 더욱 마음이 갔다. 어느 곳에 눈길이 머물러도 넉넉한 마음이 되게 해 주는 집이다.

집은 그곳에 사는 사람을 담는 그릇이다. 사람이 담김으로써 집은 비로소 자신만의 색깔을 가지게 된다. 겉보기에는 비슷해도 몸담고 있는 사람의 성향과 생각까지 나타낼 수 있는 것이 집이다.

이사를 하고 나서 집들이를 하는 이유가 여럿 있겠지만 집주인이 머물 공간인 집을 구경하는 의미가 크다고 본다. 그러나 집을 구경하는 것 같지만 사실은 그곳에 머무는 사람이 어떤 사람인지 이해하는 시간이기도 하다. 새로 집을 지었거나 이사한 집에 집 구경 겸 인사로 찾아보는 일을 '집알이'라고 하는 것도 집을 보면 사람을 알 수 있으므로 '사람을 알러' 가는 것이라는 뜻이겠다.

우리가 살아가는 데 소용되는 것들이 얼마나 있어야 알맞다고 할 수 있을지 모르겠다. 당장은 필요한 것 같아 가지려고 하거나 결국 차지하게 되지만 점차 관심에서 밀려나는 경우가 많다. 내가 머무는 집안에도 꼭 필요하지 않은 것인데도 서서히 자리를 차지하고 있는 것이 꽤 된다. 될 수 있는 대로 간소하게 살고 싶은데 그것이 생각만큼 쉽지 않다.

집이 좁으면 좁은 대로 넓으면 넓은 대로 여백을 두고 살고 싶다. 가구나 물건으로 집안이 차면 찰수록 마음은 답답해지기 때문이다. 빽빽하게 정돈되어 있는 집안을 보면 바늘 하나 꽂을 자리도 없는 것처럼 숨이 막힌다. 비어 있는 곳에다 마음을 여유 있게 부려놓고 쉴 수 있는 집에서 살고 싶다.

집은 주인을 닮는다. 그 사람을 잘 알지 못했다고 해도 집을 보면 주인을 알 것 같다. 집안에 놓인 살림살이만 봐도 주인을 어느 정도 헤아려 볼 수 있다. 비싸고 좋은 물건으로 가득 채워야 품격을 높일 수 있는 것은 아니다. 있어야 할 곳에 정갈하게 놓이고 흠이 있는 것이어도 주인의 마음이 느껴지는 것들이 놓인 것만으로도 충분히 주인을 본 듯하다.

집알이를 가면 공간 안에 녹아 있는 주인의 삶의 방식을 읽는 재미가 쏠쏠하다. 집은 주인의 역사와 현재 모습을 압축해 보여주고 그 집 식구들이 무엇을 추구하고 살아가는지를 은근히 알려준다. 그것만으로도 집알이의 가치는 충분하다.

누군가 나의 집에 집알이를 하러 온다면 나의 모난 성향들도 고스란히 드러날 것 같아 두렵다. 발을 딛고 서기가 불편하고 엉덩이를 붙이고 앉아 있기가 바늘방석 같은 그런 집은 아니어야 하는데 암만해도 숨길 수가 없을 것 같다. 집안 분위기를 한번 둘러보면 '나'라는 사람의 까탈진 성격을 헤아릴 수 있을 것 같기 때문이다.

집을 꾸미기에 앞서 나부터 가꿔야 할 듯하다. 살고 싶은 편안한 집과 그곳에 몸담고 있는 주인을 부러워만 해서 될 일이 아니다. 누구라도 편히 머물다 갈 수 있는 집을 갖는 일이 나에게는 참 어렵다.

(2010. 6.)

# 카스

사람들이 누리는 것들을 보면 그 시대 문화를 엿볼 수 있다. 언어와 태도뿐만 아니라 옷차림이나 물건 등 많은 것들이 시간의 흐름에 따라 역사가 되고 있다. 그리하여 후대에 이르러 옛 사람들의 생활 모습을 알고자 할 때 유물과 유적이나 기록을 통해 되짚어 보는 것이다.

이즘 사람들은 말을 줄여서 쓰기를 즐겨하고 신조어를 감탄할 정도로 잘도 만들어 낸다. 한글을 만드신 세종이 노하여 무덤에서 벌떡 일어날 일이라고 매체에서 호소를 해도 사람들의 창의력은 무궁하다. 열공, 빵셔틀, 개무시 등은 그나마 낫다. 'ㅅㅂ'이나 'ㅈㄹ' 등 초성으로만 표현하는 것도 청소년들에게는 자연스럽다. 말을 줄이거나 비틀어 새로운 언어를 만들어 사용한다고 청소년들을 개탄하지만 이제는 청소년들만의 전유물이 아니다. 어른들도 청소년들에 버금가는 실력이다. 해품달, 차도녀, 쩍벌남 등 줄임말과 새 말을 잘 만들어 내고 활용하는 데에도 청소년들 뺨친다.

줄인 말과 새로운 말들은 생활 속에서 생겨나 세태를 비추는 드라마나 영화에도 곧잘 써먹는다. 그러고는 다시 드라마나 영화의 영향으로 생활에 뿌리를 내리는 순환이 일어나는 것이라고 본다. 서로 밀접한 관계에 있기 때문에 즉각적인 반응을 보일 수밖에 없을 것이다. 하여 이런 현상은 일체의 언어를 갈아치우기라도 할 기세로 자고 나면 새로운 말이 태어나 세상을 떠돈다. 걱정되다가도 한편으로 기막히는 말이구나 하는 생각도 든다. 재미있으니 한두 번 쓰게 되고 그러다 보니 너도나도 쓰게 된다.

그중에 '카스'라는 것이 있다. 대부분의 사람들이 사용하는 카카오톡과 연동되는 것으로 자신의 일상을 담은 사진이나 글을 올리게 되어 있는 계정이다. 원래 '카카오스토리'인데 사람들은 줄여서 '카스'라고 한다. 카스에서 친구를 따로 맺어 '카친'들끼리만 이야기를 나눌 수도 있다.

카친이 되고 싶다는 신청을 보내기도 하고 받을 수도 있다는 것이 처음 얼마간은 신기했다. 어떤 사람은 인맥을 동원해 수많은 카친을 거느리고 있기도 하다. 나도 처음에는 멋모르고 신청을 받은 대로 다 수락을 했더니 시도 때도 없이 울려대는 알림음 때문에 고역이었다. 소리는 끄기 설정으로 해결했지만 새로운 소식이 도배되어 있는 것을 보면 그냥 보아 넘기지 못하고 또 손이 간다. 생각다 못해 시쳇말로 코드가 맞는 몇 사람만 남겨 두고 매정하게 삭제하기에 이르렀다.

자신의 공간에 올리는 것도 다양하다. 아이들이 자라는 모습과 요리솜씨를 뽐내기도 한다. 여행을 다녀온 후 멋진 풍광과 감동을 남기기도 하고 화목한 가족의 모습을 보여주기도 한다. 또 퀼트나 사진찍기, 악기 연주 등 자신의 취미생활을 소개하고 어떤 이는 자신의 생각을 매일 일기를 쓰듯이 고백하기도 한다. 올라오는 사연을 보면 그 사람의 나이와 생활환경, 가치관 등을 얼추 알 수 있다.

남들은 어떤 생각을 하고 어떤 삶을 사는지 처음에는 궁금했고 흥미 있었다. 그러다 보니 전화기가 손에 잡히면 습관적으로 카스를 누르기도 했다. 카스에 한번 들어갔다 하면 빠져나오기 쉽지 않다. 시간 가는 줄 모르고 이 사람 저 사람의 공간을 헤맨다. 더구나 내 친구로 맺어 있지 않은 사람의 공간까지 넘보는 재미가 숨어 있다.

게임 등의 오락거리와 마찬가지로 일종의 중독성이 있다. 내 이야기도 하고 다른 사람의 이야기도 듣고 답을 할 수 있으니 외롭지도 않다. 기기 속에서 주고받는 이야기지만 서로에게 관심을 보이고 대화를 하는 것이므로 실제와 같은 생각이 들기도 한다.

그러나 거듭할수록 이 재미도 시들하다. 더 정확하게 말하자면 이 사람 저 사람의 사연을 보고 나오면 뒷맛이 개운하지가 않다. 나뿐만 아니라 사람들의 이야기가 그렇고 그렇다. 다 고만고만한 내용이고 딱히 특별한 것도 없기 때문이다. 서너 살 된 아이가 새 신발에 온통 낙서를 한 것을 푸념 삼아 올린 것도 알고 보면 속마음은 '우리 아이가 이렇게 귀여운 짓을 했다, 귀여워 못살겠다.'는 것이다. 그런 속내를 귀신같이 알고 카친들은 댓글을 단다. "아웅, 귀요미. 짱 귀여워요." 이런 식이다.

저마다 올리는 사연이라는 것이 가만히 보니 '자랑질'이다. 많은 사람들이 볼 수 있는 공간에 자기 이야기를 올린다는 것이 처음부터 자기의 자랑거리를 늘어놓을 수밖에 없는 구조다. 사진도 원래의 모습이 아니라 '뽀샵'을 해서 전혀 다른 이미지를 만들어 뽐낸다. 자랑의 수위 조절이 애매하고 어렵다. 조금만 지나치면 꼴불견이 되어 댓글도 별로 없게 된다. 이따금 글이라도 하나 올려놓고 나면 누가 어떤 댓글을 달았는지 확인하고 싶어 몸이 근질거린다. 수시로 들어가 보지만 여전히 댓글이 없으면 기운이 빠지고 우울해지기도 한다.

자신의 카스를 잘 관리하자면 시간과 애정을 많이 들여야 한다. 카친의 글에 댓글을 다는 것은 기본이고 자신의 글에 댓글을 단 것에 일일이 답을 해야 한다. 그렇지 않으면 무관심을 섭섭하게 느낀 카친의 목록에서 삭제될 수도 있다. 카친을 많이 거느린 사람은 일일이 답을 하는 것도 일이다.

그래도 여전히 카스의 유혹을 뿌리치지 못했다. 그러나 이제는 과감해지려고 한다. 계정 자체를 삭제할 참이다. 이러다간 안 되겠다는 생각이 최근에 들었다. 사람들과 연결되어 있다거나 어딘가에 소속되어 있다는 연대감에 여기저기 기웃거렸지만 오히려 소외감을 불러일으키는 것은 아닐까 하는 생각이 들었기 때문이다. 가상의 공간을 헤매는 찰나에 이미 나는 정처 없이 떠도는 꼴과 같기에 그렇다.

스마트폰에서 이야기를 주고받는 것의 허무함을 조금씩 알아가는 탓도 있다. 한 줄의 댓글에 담긴 현란함보다 한마디 말의 진실성이 그리워진다. 듣기 좋은 내용으로만 수십 개 달린 댓글이 어지럽다. 비슷한 남의 이야기를 읽어 내리고 있자면 식상하여 허탈감이 몰려온다. 카스여, ㅂㅇ!

(2013. 11.)

# 손님

만물이 겨울잠에서 깨어나는 때다. 엊그제 경칩이 지났다. 옛사람들은 이 무렵에 첫 번째 천둥이 치고 그 소리를 들은 벌레들이 땅에서 나온다고 생각했다. 어제는 초여름 같은 날씨라 겨우내 발걸음을 하지 않았던 텃밭에 가서 봄동을 뜯어왔다. 추위를 견뎌낸 고랑에 호미질을 했더니 마른 봄바람이 잠들었던 흙을 뿌옇게 깨웠다.

작년에 이어 다시 텃밭을 일구게 되었지만 올해는 마음가짐이 다르다. 삼 년 전 딸이 떠난 이후 작은아이도 서울로 가서 집이 비었다. 덕분에 마음이 가뿐하여 조급증이 사라진 것도 같다. 훈훈한 주말 오후에 나와 몇 시간째 돌을 고르거나 거름을 내어도 쫓기는 기분이 들지 않아 좋다.

아들이 없으니 집안을 어지르지 않아서 좋고 화장실 변기 주변에 오줌이 튀지 않아서 좋다. 때 맞춰 밥 달라는 사람이 없으니 먹고 싶을 때 내 식성대로 먹을 수 있어 즐겁다. 빨랫감이 줄어서 손이 덜 분주한 것도 편하다. 이른 아침에 등교하는 아이를 깨우기 위해 씨름하던 것도 졸업해서 홀가분하다. 아들에겐 무척 미안한 일이지만 이제야 온전한 정신으로 사는 것 같다.

내 마음과 달리 아이들이 다 떠나 외롭지 않느냐며 주변에서 걱정을 한다. 아들 생각을 하며 울고 있는 건 아닌지 하루에도 안부전화를 서너 차례 받을 정도다. 남들이 걱정을 하는 것도 무리는 아니다. 품안의 자식이 장성하여 집을 떠나면 부모는 집안이 텅 빈 것 같은 허전함에 한동안 우울하다고 한다. 그도 그럴 것이 낳아 스무 해 동안 들인 공과 사랑이 한순간에 정리될 성질의 것이 아니기 때문이다. 성년이 되어 부모의 품을 떠나는 자식을 축하해 줄 일이지만 부모 마음은 그렇지 않은가 보다.

나는 꽤 이기적인 사람이다. 이유 없이 손해 보는 것도 싫어하고 이해할 수 없는 불편함도 잘 참지 못한다. 까탈진 성격으로 두루 품는 것도 힘들어 한다. 그러는 내가 아이들에게는 초능력을 가진 엄마로 변신한다. 연약한 여성들이 엄마가 되면 대개 전사처럼 변할 테지만 나도 그에 뒤지지 않게 입안의 혀처럼 굴려고 애썼다. 어쩌면 자식을 지키겠다는 방어본능이 여성에게만 있는 것은 아닐까 하는 생각이 들게 하는 대목이기도 하다.

아이들의 손과 발 노릇을 하던 사람이 아들마저 떠나자 변해도 너무 변했다. 하지만 나 자신은 내가 변했다고 생각하지 않는다. 목표를 이루기 위해 전력투구를 하고 났을 때의 뿌듯함과 허탈감 같은 것이 나에게도 있다. 그간 힘들 때마다 '아들만 대학에 가고 나면….'이라는 주문을 자신에게 수없이 걸어왔다. 아이들이 곁에 있을 때 '내가 할 수 있는 최선'을 다했다고 생각하기 때문에 미련이 없을 뿐이다.

혼자가 되고 나니 비로소 자식을 한 발짝 물러나서 볼 수 있는 여유가 생겼다. 내 입장에서 볼 때 자식을 무사히 키워 떠나보냈다고 생각했다. 하지만 사실은 자식들이 엄마를 지켜주다가 제 갈 길을 간 것이다. 위태로운 엄마가 혼자 설 수 있을 때를 기다려 준 셈이다. 엄마가 혼자서도 올바른 습관을 가질 수 있게 가르쳤고 매사에 게으르지 않게 도와주었다. 함께하는 동안 모난 엄마를 그나마 둥글게 다듬어준 것도 아이들이다. 내가 눈곱만큼이라도 철이 들었다면 모두 자식들 덕이다. 지금까지 중심을 잡을 수 있도록 붙들어준 아이들이 나의 진정한 보호자다.

그렇더라도 나는 자식을 '딴 곳에서 찾아온 사람' 즉 손님이라고 정의 내리고 싶다. 손님은 잠시 들렀다 떠난다. 자식의 경우 '잠시'가 다소 길뿐 떠남은 예정돼 있다. 부모는 손을 맞이하여 극진하게 대접을 한다. 또한 짧지 않은 시간 동안 손에게 비싼 수업료를 지불하기도 한다. 부모를 사람답게 만들어 주는 대가다.

자식은 많고 많은 중에 내 집을 택해 들어온 귀한 손이다. 그간 바라지가 수월한 것은 아니었지만 큰 탈 없이 다시 길을 떠나게 해 주는 게 주인으로서 할 일이다. 손은 손일 뿐이니 그간 대접해 준 것에 대한 보답이나 대가를 기대해서는 안 될 일이다. 그저 앞으로도 다른 길을 가느라 배고프거나 노자가 필요하거나 그늘막이 필요할 때 배를 채워주고 여비를 보태주고 쉬어가게 해 주는 것으로 충분하다. 주인은 마지막까지 손을 대하는 데 있어 적정 거리를 유지하는 것을 잊지 말아야 한다. 선을 넘으면 감정에 치우쳐 차지하고 싶거나 간섭을 하거나 예를 벗어나기 쉽기 때문이다.

손은 갈수록 좋고 비는 올수록 좋다는 말이 있다. 비가 오면 농사에 좋으나 찾아온 손님이 아무리 귀하다 해도 허락된 시간을 넘어서는 일은 서로에게 무익한 일임을 경계한 말일 것이다. 손이 머무르는 동안에 나는 쉬지 않고 떠나갈 채비를 도왔고 이제 넓은 세상으로 보냈다. 그러나 해갈을 위해 비를 고대하듯이 이따금 손님이 그리워질 때도 있을지 모른다.

봄동은 주인의 손길이 거의 미치지 않는 상태로 겨우내 찬바람을 맞으며 자란다. 그렇기에 더 달고 고소한 것은 아닐까. 손들은 강산이 두 번 변할 동안 내 겨드랑에서 비바람을 피하고 이제 노지로 나섰다. 세파에 손들은 더 단단하고 속이 꽉 찬 손님으로 거듭나리라.

(2013. 3.)

# 몰입의 대가代價

바라는 것은 크게 부풀려져 나를 지배하려고 한다. '혼자가 되어보기'를 꿈꾸었는데, 모처럼 닷새의 연휴가 주어졌다. 아이들을 시골 할머니 댁으로 보내고 혼자가 되었다. 소란하던 집이 적막했다. 먹어도 만날 허기진 것처럼 수저를 놓고 돌아서면 배고프다는 타령을 하던 큰아이가 차라리 그리웠다. 컴퓨터에 빨려 들어가기라도 할 듯이 자라목을 해 가지고 컴퓨터 앞에 앉아 살던 작은아이의 자리도 크게 느껴졌다.

먼지는 쓸고 닦아도 사람을 따라 다니는 모양으로 구석에 몰려다녔다. 이참에 먼지뭉치를 쓸어내면서 최소한 닷새만큼은 쾌적함 속에서 자유를 마음껏 누리리라 기대했다.

청소기의 소음을 마지막으로 내친김에 전화기를 모두 꺼두었다. 이렇게까지 할 필요가 있을까 싶었지만 온전한 나만의 자유와 시간을 위해 모험도 괜찮을 듯싶었다. 전화기를 끄자 평소에도 있었던 시간들이 덤으로 생긴 것 같았다. 그간에 하지 못했던 일들을 생각해 보았다. 미뤘던 일은 많았지만 닷새 동안 몰입할 수 있는 일을 우선 해나가기로 했다.

책을 읽다가 엉덩이가 배겨 시계를 보면 겨우 몇 분이 흘렀을 뿐이었다. 일 분이 무척 길었다. 갑자기 '혼자'가 된 것 같았다. 내가 바란 것이 '혼자'였지만 세상과 소통할 수 있었던 전화를 끊어버리자 안정이 되지 않았다. 멍텅구리가 되어버린 전화기에 자꾸 눈이 갔다. 불안감에 가슴도 뛰는 것 같았다. 아이가 안전하게 도착하기도 전에 이런 시도를 한 어미의 매정함에 스스로 뜨끔하기도 하고, 혹시 아이를 태우고 가던 버스가 사고를 냈으면 어쩌나 하는 방정맞은 생각까지 나를 괴롭혔다. 요즘 세상에 이런 식으로 자신을 시험하기에는 무모하다 싶어 몇 번을 전화기를 켤까 말까 망설였다. 그러다가 전화기를 보이지 않는 곳에 밀쳐두었다.

그러자 평소에 읽지 못하고 쌓아두었던 신문이 보이고 읽다 접어둔 책들이 보였다. 경추가 뻐근하고 허리가 쑤시는 것도, 다리가 저리고 엉치뼈가 짓눌려 아픈 것도 아랑곳하지 않았다. 몇 시간을 내리 앉아 있기도 했다. 눈이 침침하면 잠깐 눈을 감고 눈동자를 몇 번 굴렸다. 그러면서 한나절을 보냈다.

오후가 되자 슬슬 평화가 찾아왔다. 냉장고의 냉각팬이 돌아가는 소리 말고는 집안의 모든 것들이 조용히 내가 하는 꼴을 지켜보는 것 같았다. 느껴지지 않던 시계 소리가 크게 들렸다.

온 바닥에 신문을 펼쳐놓고 필요한 것을 오려두기도 하고 메모를 하고 있을 때 초인종이 울렸다. 느닷없는 소리에 심장이 벌렁댔다. 전화가 불통되자 가까이 사는 친구가 나에게 무슨 일이 났나 싶어서 쫓아왔다. 돌발적인 행동을 이해할 수 없다는 친구를 향해 오히려 방해를 받았다며 소리를 높여 돌려보냈다. 평화가 깨어졌다. 그러나 한편으로는 이해가 되기도 했다. 친구가 이 정도면 가족들은 연락이 되지 않는 나 때문에 지금 얼마나 애를 태우고 있을까. 평화를 깨뜨렸다고 내가 화낼 일이 아니라 연락이 되지 않는 나로 인해 그들이 더 불안하고 걱정을 할지도 모른다는 생각이 들었다.

삼십여 년 전 고향의 일들이 떠올랐다. 전화는 물론 전기마저 들어오지 않던 시골이었다. 설이 다가오면 불린 콩을 맷돌에 갈아 두부를 만들고, 눈 쌓인 좁은 길을 돌아 구덩이에 무를 꺼내러 갔다. 컴컴한 구덩이 속에서도 노란 싹을 내민 무를 신기해 하며 지체할 때 누구도 빨리 오라고 재촉하지 않았다. 객지에 가 있는 언니 오빠들도 언제 오겠다고 수시로 연락하지 않았다. 그 전 명절에 '다음 설에는 언제 올 거다.'거나 편지로 간단히 알릴 뿐이었다. 동네 어귀에서 개 짖는 소리가 나면 반가운 손님이 오는가 보다 했다. 그것이 더 반가웠다.

물론 그때와 지금을 비교하는 것 자체가 우둔한 일이겠다. 하지만 하루쯤은 시간의 노예에서 벗어나는 것도 해볼 만하다. 잃어버린 시간들이 자신을 위해 존재함을 느낄 수 있다. 한 가지라도 온전히 몰입할 수 있는 경지를 발견하게 된다. 어디를 가나 손에서 놓지 않았던 편리한 전화기가 자신을 묶고 있던 노예주였다는 것을 알게 되리라. 의식하지 않은 채 누리던 일상이 자유로워야 하는 영혼을 옭아맸다는 자책감이 밀려올 것이다. 새로운 경험은 생각을 불러오고 마음을 채울 것이다.

전화기를 꺼둔 지 삼일이 되었다. 마침 나의 생일이기도 하였다. 먼지가 앉은 전화기를 켜자 그동안 정체되었던 수많은 사연들이 봇물처럼 쏟아져 나왔다. 쫓아왔던 친구로부터, 할머니 댁에 간 아이들로부터, 먼 곳에 사는 언니로부터, 곳곳에서 생일을 맞았으니 축하한다는 내용까지. 삼일 동안 막혔던 세상 소리를 전하느라 전화기는 한참 몸살을 앓았다.

내가 세상을 거부한다고 될 일이 아니었다. 나의 자유와 나만의 시간을 위해 바꾼 세상과의 단절은 사실 온전히 나를 자유롭게 한 것이 아니다. 불안과 몰이해를 저당잡힌 채 평온을 가장했던 것일지도 모른다. 세상은 변하고 그 변화 가운데 내가 살기 위해선 또 다른 나를 버리기도 해야 한다. 원하지 않는 전화로 내 생활이 방해를 받는다

할지라도 그것마저도 세상과의 소통임에랴.

아이들이 오고 있다고 한다. 이제야 심장 소리가 고른 것 같다.

(2008. 2.)

# 3부

# 종지봉

종지봉은 도전 마을에서 건너다보면 우뚝이 선 여러 산에 딸린 하나의 산마루에 불과하다. 그렇지만 우리에게는 몸을 맡기고 있는 집 못지않게 마음을 부려놓는 곳이요, 사람들을 모으는 마을회관과 같은 역할을 하던 곳이다. 또한 주변의 강과 산 들을 관망하거나 신작로에서 동네로 올라오는 사람들을 마중하는 등 전망대의 기능도 하던 곳이다.

# 종지봉

이름을 가만히 들여다보면 붙여진 사연과 의미가 각기 남다름을 알 수 있다. 그중에 지명은 남들에게는 그렇고 그런 이름일지라도 그곳에서 공동체를 이루어 삶을 꾸리는 사람들에게는 유다른 결속력과 의미를 부여하기도 한다.

나는 어떠한 이름보다도 어릴 때 듣고 자란 지명에 더 애당긴다. 잃은 것을 찾듯 어린 시절 고향에서 듣고 자라던 말들의 가닥을 잡는다. 그러자 내 안에 잠자던 양뱅이에서 태어난 말들이 영근 감자알처럼 줄줄이 딸려 나온다. 당시는 촌스러움의 상징 같아서 입에 올리는 것조차 꺼려지던 돌깡, 양뱅이, 홍디기토와 같은 말들에 새삼 정이 간다.

어릴 때 들으며 따라하기는 했지만 입에 붙은 말들이 정확한 것인지 알 수 없는 것들이 있다. 더구나 청소년기부터 고향을 떠나 있었던 까닭에 정서의 단절감마저 느낀다. 그런 점을 보완해 줄 사람은 고향과 그리 멀지 않은 제천에 살고 있는 일곱 살 위의 맏언니다. 한 분을 더 추가하자면 언니와 같은 지역에 살고 계시는 '석환 아부지'도 있다.

문득문득 고향에서의 지난 일이 궁금해지면 나는 언니에게 밑도 끝도 없이 묻곤 한다. 그럴 때마다 언니는 본인이 아는 사실에 대해선 직접 알려주지만 자신도 정확한 것을 알지 못하면 양뱅이에 관한 한 '살아있는 사전'인 석환 아버지께 물어서 내게 다시 알려준다.

"궁금한 기 있으믄 내 살아 있을 때 다 물어봐라."

그 어르신은 세상 어디에도 없는 사전 역할을 충실히 해 준다.

사람들이 하는 말을 익숙하게 들으며 그것을 '어떻게' 표기해야 하는가가 어린 나에겐 고민이자 난문이었다. 하지만 그것들을 일일이 물어보지 못한 채 갈증을 마땅히 풀 길 없는 상태로 성장을 했다. 이후 눈앞의 일들에 밀려 잊고 지냈으나 시간이 흘러도 궁금했던 것은 여전히 물음표를 달고 표면으로 올라온다.

일전에 언니에게 또 뜬금없이 봇둑 터지듯 물었다.

"홍디기토야? 홍디기터야? 이 말이 무슨 뜻이야?"

언니도 그것까지는 생각을 못했던지 밥을 잦힐 시간쯤이 지난 후에 연락을 해 왔다. 석환 아버지께 여쭤 보느라고 시간이 좀 걸렸다 한다. 어르신 덕분에 '홍디기토, 홍디기토'라고 불렀던 지명의 유래를 알게 되었다.

홍디기토는 '홍득이라는 사람이 떠돌다 정착해 일군 땅'이라는 뜻으로 '홍득의 토'라고 부르게 되었단다. 그것을 사람들이 입에서 입으로 전할 때 발음상 '홍득이 토'라고 한 것을 나는 이제껏 '홍디기토'라는 나만의 언어로 기억하고 있었던 셈이다.

사라진 것들은 어느 순간에 잊히고 만다. 바루지 못한 말들 또한 옛 모습을 잃은 고향과 함께 세월 속으로 침잠하고 말면 자취를 찾을 길이 없다. 말문이 늦게 트인 어린애처럼 고향의 여러 지명에 대한 그간의 궁금증 보따리를 풀어놓았다. 연로한 '석환 아부지'께서 언제 쇠잔해질지 모른다는 조급함도 생겼다. 우리 부모님을 비롯하여 동네 어르신들이 생존하지 않는 오늘에 이 어르신조차 돌아가시고 나면 양뱅이의 역사도 더불어 뒤안길로 사라지는 것과 마찬가지라는 생각에서다.

"종지봉은 왜 종지봉이라고 했어?"

내 유년의 성장에 부모 다음으로 몫을 했다고 여겨지는 것은 종지봉이다. 변화무쌍한 모습으로 나를 품어 키웠다. 아이 하나를 키우는데 온 마을이 필요하다는 말 속에는 자연물까지도 포함되지 않을까. 다시 돌아봐도 고마운 마음이 들어 종지봉으로 불리게 된 사연이 궁금했던 것이다. 또 밥이 뜸들 만큼 시간이 흐른 다음 언니는 어르신께 들은 간결한 답을 전해 주었다.

"종지처럼 생겼다고 종지봉이지."

종지봉은 함지陷地로 된 동네의 구성원들이 숨통을 트는 휴식처이

자 천연의 놀잇감이 마련되어 있는 아이들의 놀이터였다. 동표네 집 옆으로 토끼길처럼 난 길을 따라나서면 이내 질박한 공간이 나타난다. 저 멀리 도전 마을과 남한강이 돌아나가는 모습이 시원스레 내려다보이는 곳이다. 넓지 않은 반반한 터에 노송 서너 그루가 골을 타고 올라오는 강바람을 막아주듯 병풍처럼 서 있다. 수릿날이 되면 가로지른 굵은 가지에 튼실한 그네를 매어 동네 사람들은 곡예사처럼 아슬아슬하게 묘기를 펼치기도 한다.

왼쪽의 밭자락 끝에는 오래된 봉분이 있는데, 들잔디가 삽사리의 털처럼 잘 자라 있었다. 남초롬하게 누운 잔디 위에서 궁둥이에 풀물이 들도록 미끄럼을 타고 놀았다. 산발한 들잔디로 풀매듭을 듬성듬성 묶어 두고는 누가 걸려 넘어지는지 몰래 지켜보는 맛에 개구진 가슴이 벌렁댔다.

어른들은 소나무 그늘 아래에 자리를 깔고 누워 솔바람 소리와 새소리를 들으며 낮잠을 자기도 했다. 아이들은 주변의 산딸기를 따먹기도 하고 곳곳에서 열매, 잎, 돌 등을 찾아 소꿉을 살았다. 결결이 놀아도 싫증이 나지 않은 것은 계절에 따라 다양한 도구로 색다른 상황을 만들 수 있었던 환경 덕이지 않았을까. 종지봉에서 노는 재미에 빠지면 해지는 줄도 모르고 놀게 된다. 놀다가 버려두고 돌아가도 아깝지 않고 다음 날에 가서 또 가지고 놀아도 되는 '살림살이'가 널려 있는 종지봉에 가서 놀아야 논 것 같았다. 그때의 놀이는 남에게 보잘

것없어 보였을지 모르지만 나에게는 어떤 가르침보다도 적지 않은 것을 일깨워 준 바탕이 되었다.

종지봉은 도전 마을에서 건너다보면 우뚝이 선 여러 산에 딸린 하나의 산마루에 불과하다. 그렇지만 우리에게는 몸을 맡기고 있는 집 못지않게 마음을 부려놓는 곳이요, 사람들을 모으는 마을회관과 같은 역할을 하던 곳이다. 또한 주변의 강과 산 들을 관망하거나 신작로에서 동네로 올라오는 사람들을 마중하는 등 전망대의 기능도 하던 곳이다.

이웃 마을의 잔치에 간 아버지가 늦도록 돌아오지 않은 날 밤에 어머니의 등에 업혀 종지봉으로 마중을 간 적이 있다. 깜깜한 밤에 산속 봉우리 위의 종지봉에서는 부엉이 소리만이 이따금 들렸다. 어둠이 등 뒤로 덮칠 것 같은 무서움을 잊기 위해 어머니 목을 꼭 끌어안고 "아부지~!, 아부지~!" 하고 외쳐 댔다. 그러면 아버지 대신 골짜기에서 메아리가 답을 해 주었다.

어느 해엔가 우리 집의 '도꾸'가 강아지를 일고여덟 마리나 낳았는데, 바라지를 하던 엄마 손길이 미치지 못한 사이에 한 마리가 깔려버린 일이 있다. 엄마는 바라지를 제대로 못한 자신의 탓을 했고 우리는 우리대로 슬퍼했다. 도꾸가 짖어댔지만 채 식지 않은 갓난 것을 안고 종지봉으로 향했다. 엄마의 별다른 지시가 없었어도 우리는 종지봉 노송 아래에다 눈뜨지 못한 것을 묻고 도도록한 표지를 남김으로써 의식을 마쳤다. 그 순간에 발길이 종지봉으로 부지불식중에 향한 것은 어린 마음에도 우리들에게 미치는 종지봉의 다양성을 인식하고 있었던 것은 아닌가 싶다.

이렇듯 종지봉은 양뱅이 사람들의 애환이 담겨 있는 장소다. 이곳에서 이루어진 일들은 놀이와 휴식일지라도 묵직한 삶과 동근의 가치로서 연장선상에 있었다. 즐거움과 두려움, 넉넉함과 소박함 등 마을 사람들의 삶이 녹아 있는 종지봉에서의 여러 종류의 유희는 어느 하나 소중하지 않은 게 없다. 오목한 종지를 닮았다고 하여 종지봉이라는 이름을 붙이고 산 사람들과 같은 시기를 살았던 사실이 돌이켜볼수록 귀하다.

세월이 흐르고 나서 보면 지난날들이 다 그림 같다. 특히 고향과 어린 시절은 누구에게나 더 그러할지 모른다. 나의 경우도 고향에 머문 기간은 생의 오분의 일에 불과할지라도 정신세계의 대부분을 차지하며 나를 지탱해 주고 있다. 여러 곳에 발을 딛고 숱한 사연을 만들며 살고 있지만 고향과 어린 시절은 지금까지 나의 뿌리가 되었다. 튼실한 뿌리 덕에 풍성한 잎과 열매를 기대도 해 보고 때로는 분에 넘치는 꽃도 피울 수 있었다.

양뱅이와 종지봉은 기억이 존재하는 날까지 현재진행형이며 나에게는 의미가 자못 크다.

(2016. 4.)

# 아름다운 의무

실제로 일어났다고 믿기지 않을 만큼 특별한 일을 일상에서 보게 되면 우리는 '영화의 한 장면 같다.'고 한다. 반대로 영화 속의 아름다운 영상을 보면서 '영화처럼 살고 싶다.'고도 한다.

가끔은 고달픈 실제의 삶과 아름다운 영화 속의 이야기를 뒤바꾸어 살고 싶은 소망을 갖는다. 인생은 현실이고 영화는 단지 아름다운 화면을 조각조각 잇대어 만든 예술일 뿐인데도 그렇다. 그것쯤이야 구별할 줄 알면서도 즐겁고 행복했던 영화가 있었는데, 바로 로베르토 베니니의 〈인생은 아름다워〉이다.

1930년대 말 이탈리아를 배경으로 인생은 아름답다는 것을 운명처럼 믿는 '귀도'와 초등학교 선생인 '도라'는 우연히 만난다. 이미 도라에게는 결혼을 약속한 애인이 있었지만 귀도는 두 사람의 사랑을 운명이라고 생각한다. 그의 우연을 가장한 만남을 만드는 재치가 씨줄과 날줄이 되어 둘은 결혼을 하게 된다. 그리고 '조수아'라는 귀여운 아들을 얻는다.

행복한 세 사람이 탄 자전거가 좁은 길을 달려간다. 도라를 학교 앞에 내려주고 귀도는 조수아와 함께 자신의 일터인 서점으로 간다. 달콤하고 유머 넘치는 이들의 사랑이 무르익어 가고 조수아의 생일잔치를 준비하던 날. 자신의 결혼을 반대하여 소원하게 지내던 어머니를 모시고 도라가 돌아오는 사이 귀도와 조수아는 유태인이라는 이유로 강제수용소로 끌려가게 된다. 도라는 그 사실을 알고 유태인이 아니었지만 자청해서 그들이 실린 기차에 오른다.

기차에 실려 가던 조수아가 우리는 지금 어디로 가고 있느냐고 묻는다. 귀도는 "오늘이 너의 생일이니 비밀리에 계획해 두었던 멋진 여행을 가는 것이다."라고 답한다. 그렇게 시작한 그들의 게임은 험악한 죽음의 공포가 도사리는 강제수용소에서 죽을 고비를 수없이 겪을 때마다 그 어려움을 참는 약으로 쓰인다. 귀도는 "우리들은 재미있는 놀이를 하기 위해 특별히 선발된 사람으로 1천 점을 먼저 따는 사람이 1등 상품인 탱크를 받아 고향에 돌아갈 수 있다."라고 아들 조수아를 속인다.

수용소 안에서 유태인을 '땔감'으로 사용하는 상황 속에서도 그들은 끝까지 살아남게 된다. 전쟁이 끝나가고 그 혼란스러운 와중에서 도라를 찾아 헤매던 귀도는 경비병에게 잡혀 석방되기 하루 전에 그만 총살을 당하게 된다. 자신이 그토록 꼭꼭 숨겨 둔 조수아가 해맑은 눈으로 내다보는 앞을 끌려가던 귀도는 우스꽝스런 걸음을 걸으며 지난다. 그런 비극 앞에서도 아들 조수아에게 인생은 아름답다는 것을 보여주려 애쓴다.

조용해지기 전에 절대 나오면 안 된다는 아버지 귀도의 말에 따라 조수아는 석방된 사람들이 모두 빠져나가고 잠잠해진 광장으로 나오게 된다. 조수아는 아직도 아버지와 벌이는 게임이 진행 중인 것으로 알고 있고 그 앞으로 팡파르처럼 요란하게 다가오는 미군 탱크. 조수아는 "진짜 탱크!" 하면서 입이 함지박만해진다.

영화의 대부분이 있을 법한 이야기를 흥미 위주로 구성한 것이니 사실과는 동떨어져 있다고 해도 지나치지 않다. 그런데도 나는 귀도를 떠올리면 부끄러워 뒤가 켕긴다. 그간 가족과 가까운 주변 사람들에게 되지 않는 억지를 부리고 작은 아픔을 나만이 겪는 큰 아픔인 것처럼 엄살떨어 그들을 힘들게 하지 않았을까. 곁에 있는 것만으로도 위로가 되는 사람이 아니라 짐이 되는 사람은 아니었던가. 감당하기 어려운 일 앞에서도 좌절하거나 당황하지 않고 재치와 유머로써 극복하는 귀도의 사랑스러운 모습이 지워지지 않는다.

이 영화를 함께 본 작은아이에게 감상을 물으니 귀도는 허풍선이에다 아들에게 '뻥'치는 나쁜 아빠란다. 그래, 어린 네가 아들을 향한 아버지의 깊고도 넓은 사랑을 알 리가 없지. 총살 현장으로 끌려가는 그 순간까지도 슬픈 표정은커녕 아들을 안심시키기 위해 웃으면서 팔과 다리를 과장되게 흔들며 코믹한 걸음을 걸을 수 있는 아버지가 몇이나 되겠느냐. 이 어미도 그럴 수 없을 것 같은데….

그래도 인생은 아름답다. 사실 세상에 난 것부터 우리는 선택받은 사람들로서 충분히 아름다운 가치가 있잖은가. 어쩔 수 없이 상대를 누르고 먼저 1등이 되어야만 하는 현실이지만 그 힘들고 고독한 길을 갈 때 여유와 웃음이 함께한다면 한결 수월하지 않을까. 눈에 넣어도 아프지 않을 자식을 위하든 하나밖에 없는 자신의 인생을 위하든 우리는 인생을 아름답게 살아갈 의무를 가져보면 어떨까.

살아온 날을 후회도 해보며 절절히 '영화처럼 살고 싶다.'고 생각한 것은 처음이다. 물론 영화를 많이 보거나 해박한 지식이 있는 것은 아니지만 이번에는 특별히 나를 되돌아보게 된다. 귀도처럼 사소한 것들에서도 기쁨을 찾고 웃을 일을 찾으려 했었던가 하고 스스로에게 묻지 않을 수 없다.

(2005. 8.)

# 사가독서賜暇讀書

여름과 겨울 사이에 낀 가을은 슬쩍 지나고 만다. 지루한 더위에 진을 빼다 선선한 바람이 들라치면 어느새 옷깃을 여미는 겨울이 온다. 기간이 짧아서일까. 가을이 되면 나는 분주하다. 일 년치의 할 일을 몰아서 가을에 하는 것처럼 조바심을 낸다. 바람 따라 종종거리는 낙엽을 보면 어서 일의 매듭을 지어야 할 것 같다. 그래도 여전히 할 일은 쌓여 있다. 그중에는 하면 좋지만 하지 않아도 괜찮은 것도 있고, 하지 않아도 되지만 꼭 하고 싶은 일이 있다. 해가 가기 전에 꼭 하고 싶은 일은 '마음 놓고 책 읽기'다.

사람들은 특별히 사치를 하는 부분이 있다. 내가 말하는 사치란 분수없이 호사하는 것이 아니라 어떤 것에 유난히 애착을 가지고 몰입하는 것을 말한다. 나는 책에 관한 한 사치를 한다. 읽고 싶은 책이 있거나 좋은 책이 있다면 일단 사 놓아야 든든하다. 당장 읽든 못 읽든 내 손에 들어온 이상 내 책이므로 언젠가는 읽게 될 것이고, 좋은 책을 많이 가지고 있는 것만으로도 읽은 것과 같은 착각에 빠진다.

돌아보니 가을에만 바쁜 것이 아니었나 보다. 미처 읽지 못한 책은 책장에 꽂지 않고 가로로 눕혀서 구분을 하여 두는데, 먼지가 쌓인 채 누워 일어날 줄 모르는 책들이 수북하다. 손길과 눈길이 닿을 때마다 '저 책을 읽어야 하는데….' 하면서 마음만 단다. 평소에는 일에 치여 그렇다 치고 연휴나 주말에는 어떻게 시간을 내어 누운 책들을 일으켜 세우고자 해도 생각처럼 되지 않는다. 좋은 책을 사는 것이 나의 사치였는데 이제는 그만 좋은 책을 읽고 싶은 마음이 사치가 되고 말았다.

이쯤 되면 '사가독서賜暇讀書'를 한 사가문인들이 부럽지 않을 수가 없다. 조선시대에 '사가독서'라는 제도가 있었다. 임금이 신하에게 일 년 정도 휴가를 줘서 독서를 하게 하는 것이다. 나라의 인재들만이 받았던 특별한 휴가였다. 벼슬살이를 하다 보면 깊은 독서를 할 시간이 없을 것이다. 일과 관계된 사람도 만나야 되고 술도 마시게 마련이다. 집에 돌아오면 그 나름대로 집안일도 신경 써야 한다. 유능한 신하들이 이러한 것을 안타까이 여긴 세종이 학문을 가까이하던 군주답게 이런 제도를 만들었다 한다.

사가독서의 혜택을 받아 인재들이 책을 읽던 건물을 '호당'이라고 했는데 신숙주, 박팽년, 성삼문, 이황, 이이 등 쟁쟁한 인재들이 호당에서 사가독서를 받아 책을 읽었다. 임금이 인정한 나라의 인재들인 만큼 사가독서의 결과를 월과月課라고 해서 매달 제출해야 했다. 한가로이 책읽기만 했을 것 같지만 그들은 책 읽는 '일'을 했던 것이다. 율곡이 남긴 ≪동호문답≫이 그렇게 나온 것 중에 하나다.

월과가 주어지는 '일'일지라도 책 읽는 일을 누군가 나에게 시켜주면 좋겠다. 조용한 나의 공간 '무아정無我停'에 들앉아 눕혀 있는 책을 읽고 글을 쓰는 일을 하라고 독서휴가를 주면 좋겠다. 물론 당대의 인재는 아니지만 나도 그들만큼 책 읽기를 절실히 원하고 있다. 더없이 평범한 사람이지만 일도 해야 하고 때론 인간관계도 챙겨야 하는 등 분주하기에 더욱 사가독서가 필요한 것이다.

지금도 명문가 집안에는 '호당록湖堂錄'이라는 문건을 소중하게 보관하고 있는 경우가 많다고 한다. 선조 이름이 호당록에 들어가 있기 때문이다. 호당록에 이름이 들어가 있다는 것은 집안의 긍지이자 자랑이 분명하다. 누가 유급휴가를 받아 내리 책만 읽을 수 있었겠는가. 자자손손 대대로 명문가가 되고도 남음이다.

세상의 일이 마음먹은 대로 되지 않는 것이 많다 해도 자식에 관한 것만 하겠는가. 내가 책 읽는 사치를 누리지 못하더라도 자식에게 사가독서를 주려 하지만 녀석은 줄기차게 거부한다. 남아도는 것이 시간이어도 독서를 마다하는데 휴가까지 줄 것은 무어 있겠는가. 그 휴가를 내가 대신 받고 싶은데 때를 놓치고 나니 힘이 든다.

그렇지만 나는 부지런히 사는 나에게 사가독서를 줄 것이다. 언제가 될지 못박을 수는 없어도 자신에게 언약해 두었다. 누군가 나에게 줄 것을 바라지 않고 직접 주기로 한 것이다. 허덕지덕하는 일상에서도 자신을 위한 시간을 정해 책 읽기를 실천하는 일이 진정한 사가독서가 아닐까 한다. 시간이 날 때 책을 읽는다는 것은 맞지 않다. 시간을 내야 한다. 책 읽을 시간을 정해 두고 그 시간만큼은 세상의 다른 일들일랑 잠시 모진 마음으로 접어두는 용기가 필요하다.

별빛과 달빛이 스러지는 미명 즈음이 내가 책 읽는 일을 할 수 있는 최적의 시간일 것이다. 머지않은 날 '무아정'에서 월과가 나오기를 손꼽아 기다린다.

(2008. 10.)

# 밑불

자정이 가까운 시간이다. 하던 일을 멈추고 멘델스존의 곡을 잔잔하게 깔아놓는다. 새소리와 시냇물 소리가 어우러진 배경음악이 흡족한 듯 잠시 섰다가 초에 불을 댕긴다. 하나, 둘. 그러고는 형광등을 끈다. 갑자기 어둑해졌지만 이내 화선지에 먹물이 스며들 듯 실내는 수묵담채화처럼 차분해진다.

이제 매트를 방 가운데에 적당히 깔고 책상다리를 하고 앉는다. 양손은 무릎 위에 올리고 눈을 살며시 감고 코로 깊은 숨을 빨아들여 폐를 지나 배꼽 아래 단전까지 천천히 들이마신다. 단전을 볼록하게 부풀린 다음 다시 단전에서 폐를 지나 코로 느리게 내뱉는다. 두 팔을 벌려 위로 올리고 합장한 다음 아래로 내린다. 합장한 채 허리를 앞으로 숙이며 *나마스떼! 한밤중의 독무가 시작되었다.

동네에 요가원이 들어서면서 시작한 후 강산이 변하는 동안 원년 멤버로서 굳건히 자리를 지켜왔다. 손발을 놀릴 수 있는 한 요가를 하겠다는 야무진 꿈을 품고 산다. 그러나 이달부터 등록을 하지 않고 홀로 요가를 하게 되었다. 원인과 동기는 여럿이지만 가장 결정적이었던 것은 서울로 간 두 아이들 밑으로 들어가는 돈이 겁나 아낄 수 있는 것은 아껴보자는 생각에서였다.

간단히 몸을 풀어주는 준비운동을 하고 다음 동작을 위해 바닥에 반듯이 눕는다. 앉았을 때는 잘 모르겠더니 누워서 보는 천장은 마치 마당에 누워서 보는 밤하늘 같다. 무한히 펼쳐져 있는 듯 아득하다. 평소에는 불이 위에서 비췄으므로 벽과 바닥만 주로 보였는데 촛불이 밑에서 비추니 천장이 유독 훤하다. 한지에 촘촘히 박힌 지푸라기가 무수한 별처럼 반짝인다. 간간이 들리는 맑은 새소리와 시냇물 소리를 따라 고향집으로 간다.

한여름 저녁이면 갓 꺾어온 옥수수를 삶아 배를 불린 다음 모깃불을 놓고 마당에 널따랗게 멍석을 깔았다. 반딧불이를 잡겠다며 싸리비를 들고 날뛰던 아이들이 하나둘 돌아가면 우리는 멍석에 깔아놓은 이불 속으로 들어가 하늘을 보고 누웠다. 전깃불이 들어오지 않던 때라 예닐곱 지붕 아래의 사람들이 잠에 들면 마을은 고즈넉한 자연이 된다. 마당에 누운 채 우리는 별들이 유난히 밝은 하늘을 천장 삼아 잠을 자곤 했다.

또 어느 날은 호롱불 아래에 엎드려 숙제를 하고 나서도 잠이 오지 않으면 두 손으로 개 · 여우 · 독수리 · 나비 등을 만들어 벽에다 비추는 그림자놀이를 했다. 손을 호롱불 가까이 했을 때와 벽 가까이 했을 때의 그림자 크기가 다르다는 것을 알고는 단순한 원근의 원리인데도 신기해서 같은 짓을 반복하기도 했다. 등잔기름을 아끼라는 아버지의 목소리가 사랑방에서 댓돌을 딛고 건너오면 그제야 창호지에 쏟아지는 달빛을 감상하다 잠이 들었다.

사물들은 점점 확연히 드러난다. 형광등은 밝기는 하지만 흰색에 가까워 냉정함이 묻어난다. 빛 아래 있는 것들을 무생물처럼 만든다. 그러나 산소와 만나 태어나는 불빛은 누렇거나 붉은 색을 띠고 있어서 따스함이 느껴진다. 촛불로 가득 채워진 공간에서는 정물도 생명을 가진 듯 말을 걸어온다. 어머니의 뱃속이 이랬을까. 푸근하면서도 아늑하다. 집안 곳곳에 초를 놓아두고 때에 따라 즐겨 밝히는 이유다.

떠도는 유머 중에 남자를 불에 비유한 것이 있다. 10대는 확 붙었다가 금세 꺼진다고 성냥불, 20대는 강한 화력에다 새벽까지 활활 탄다고 장작불, 30대는 겉으로 보면 그저 그래도 은은한 화력을 자랑한다고 연탄불, 40대는 꺼졌나 하고 자세히 뒤져 보면 아직 살아 있다고 화롯불, 50대는 힘껏 빨아야 불이 붙는다고 담뱃불, 60대는 불도 아닌 게 불인 척한다고 반딧불, 70대는 4년에 한 번씩만 불이 켜진다고 올림픽성화, 80대는 불이라고 우기지만 본 놈이 없다고 도깨비

불이란다.

여러 가지가 떠돌지만 모아 보면 남성의 성을 매개로 웃어 보자는 의도다. 적나라한 면도 있지만 연령별로 연관 지은 불이 꽤 그럴듯하다. 그런데 그 불들이 남성의 성에만 국한되는 것이 아니라 면면이 우리 인생을 꿰뚫고 있다. 어쩌면 사람들은 저마다 가슴속에 불 하나씩을 가지고 태어나 타오르다 꺼져가는 것인지도 모른다.

내 경우만 해도 10대 때는 작심삼일로 점철되어 있다. 의지가 약했던 탓도 있지만 불확실한 미지의 세계를 헤쳐 나가기란 쉽지 않았던 때문이기도 하다. 20대 때는 어땠는가. 사랑과 정열이 무한대로 끓어오르던 활화산 같은 시기였다. 완숙이 덜 되어 어설펐지만 무서울 게 없는 자신감이 있었다. 30대는 20대의 패기만으로는 되지 않는다는 것을 슬슬 깨달아가면서 뜨거움이 겉으로 분출되지 않던 때다. 40대는 자신감을 서서히 잃어가지만 그래도 아직 주저앉기에는 이르다는 자신과의 싸움이 내부에서 일어나는 시기다.

왕성했던 지난날이 때로 그립기도 하다. 변수가 없는 한 앞으로는 사그라져 가다 꺼질 일만 남았다. 하지만 덤덤히 받아들이기로 한다. '달도 차면 기운다.'는 말의 의미를 알고는 성쇠를 기막히게 표현한 말이구나 싶어서 감탄을 했었다. 만물의 섭리가 그러하니 번성하고 가득 차면 다시 쇠퇴하는 것은 막을 재간이 없다. 불도 사람도 우주를 이루는 개체 중에 하나로 그런 점이 닮았다.

깍지 낀 손 사이에 정수리를 박고 두 다리를 위로 번쩍 들어올린다. 물구나무를 서서 바닥에 낮게 깔린 어둠을 보다가 눈을 감는다. 다리를 움직일 때 생긴 바람이 촛불을 흔들었나 보다. 일렁이는 불빛이 감은 눈에 어린다.

작은 바람에도 불꽃은 흔들린다. 사람도 연약한 불꽃이라 사는 동안 적잖이 꺼질 위기에 맞닥뜨려 이리저리 흔들렸을 법하다. 그러함에도 의연히 살아남는다. 흔들릴지언정 쉬이 꺼지지 않는 생명력! 한 철을 살다 사라지는 반딧불이와 존재를 알 수 없는 도깨비불일지라도 빛을 완전히 잃지 않는다는 점에서 높이 살 만하다.

우스갯소리에 견주어 보면 나는 이제 화롯불 내지 담뱃불 단계인가. 남들은 알아주지도 않고 무엇을 해도 크게 주목도 받지 못하면서 시들해져 가는 시기. 존재감도 없어지고 사회적 성취도 예전 같지 않다. 그래도 뭉근한 생명력으로 불씨를 지키려고 한다. 꽃불 같은 자식들이 혹여 비바람을 맞을 때 버틸 수 있는 밑불이 되고도 싶다. 뭉근히 살아서 불을 피울 때에 불씨가 되는 일이야말로 드러나는 일은 아니지만 어쩌면 가장 가치가 있는 일인지도 모른다. 지금까지 해 오던 방식을 바꿔가면서도 독무를 멈추지 않는 것은 그래서다.

마지막 숨고르기를 한다. 두 다리를 어깨넓이만큼 벌리고 양손은 엉덩이에서 한 뼘 정도 띄어 손바닥이 위로 오게 하고 눕는다. 송장 자세를 취하면 가쁘던 숨도 가라앉고 긴장되었던 근육도 이완되어 편안한 상태가 된다. 새는 여전히 경쾌하게 지저귀고 시냇물은 졸졸 잘도 흐르는 이곳에 평화가 감돈다. 촛불의 온기에서 비롯된 힘이다.

(2013. 5.)

* 나마스떼: 인도 고대어인 산스크리트어로 요가를 시작하면서 인사할 때 많이 쓰는 용어. '지금 이 순간 당신을 존중하고 사랑합니다.'라는 뜻.

# 처용의 고백

혼몽한 봄밤에 잘 알지도 못하는 그를 꿈속에서 만났다. 잠이 깨어 생각해도 이상한 일이다. 전생의 연인을 떠올리듯 간밤의 꿈을 되새김질하며 우수 언저리에 개운포로 향하였다. 바람도 없고 하늘도 맑아 누군가를 만나 담소를 나누기에 알맞은 날이다. 운이 좋다면 꿈속에서 만났던 설화 속의 주인공을 만날 수도 있을 것 같아 설렌다.

시간을 거슬러 신라 헌강왕이 태평성대에 나들이를 왔던 곳이니 놀기에 좋은 곳이겠다. 하지만 왕이 대낮에 구름과 안개를 만나 길을 잃었던 곳이기도 하므로 마음의 단속을 늦추지는 말아야 하리라. 날이 풀렸다고는 하나 아직 봄이라고 하기에는 이른지라 바닷바람이 찼다.

자갈 밟는 소리가 고요를 깨뜨렸다. '처용가비' 앞에 멈춰 서서 처용암을 건너다보노라니 물새가 바위에 앉았다 날았고 하구의 물 위에는 청둥오리가 자맥질을 하고 있었다. 바닷물은 소리 없이 흔들리는 것처럼 보였으나 이따금 잔자갈에 와 닿는 물소리는 처용의 한숨으로 들리기도 했다.

발동선을 빌려 타고 바위 가까이 갔지만 물새들이 노닌 흔적만 어수선하고 처용의 자취는 어디에도 없었다. 언감생심 동해용의 아들을 만날 것을 기대하지는 않았지만 손에 닿을 듯 느껴지는 곳에 떠 있다는 것만으로도 그를 가까운 상대라고 여겼나 보다.

아쉬운 마음을 접고 뱃머리를 돌렸다. 바다 쪽으로 십여 분 달려 *춘도섬을 둘러보고 돌아오다 고개를 돌려 석양을 품은 처용암을 보았다. 물보라만 바라보고 오던 희미한 눈에 조금 전까지 보이지 않던 사내가 비죽 솟은 바위에 등을 기대고 앉아 있는 것이 보였다. 세운 두 무릎 사이에 얼굴을 묻고 있는 것으로 보아 근심이 있는 듯하였다.

어지럼증에 잠시 헛것을 본 것일까. 그러나 제자리에 머물던 배가 속력을 내려 할 때 돌아다보아도 분명 사내의 형상이다. 다급히 그 사내를 불렀다. 용모는 번듯하였으나 오랜 시간 힘겨웠던지 몹시 수척해 보인다. 나는 그가 간밤의 꿈에서 보았던 처용임을 알고 말을 걸었다. 그동안 어쩔 수 없이 겉으로는 마음이 넓은 남자가 되어야 했을 뿐 사실은 질투와 분노로 속을 끓였다고 한다.

그때는 경황없어 자신의 처신이 옳은지 그른지도 분간이 되지 않았다. 사람들은 사내의 깊은 속내는 헤아리지 않고 그의 인격에 감동해 형상을 문에 붙이며 법석을 떨었다. 정신을 가다듬은 후 아내를 바로 볼 수 없었지만 이미 자신은 속이 넓은 남자가 되어 있는지라 달리 행동을 취할 수가 없었다. 답답한 마음을 둘 곳 몰라 날마다 술을 벗 삼아 지냈으나 용의 아들로서 추한 모습을 보일 수가 없어 이곳으로 오게 되었다. 그 후 누구도 만나고 싶지 않아 바위에 숨어살다시피 하면서 자신의 심정을 감추었다.

무릎 사이에 고개를 묻고 말하던 사내는 어느새 평온한 얼굴을 하고 있다. 물새가 갈겨 놓은 분비물을 짚고 일어서더니 손을 탈탈 털고는 바위 사이로 모습을 감춘다. 말을 걸었던 내게는 인사도 없다.

나루에 배를 대고 돌아서 처용암에 걸린 석양을 똑바로 쳐다볼 수 없다. 여전히 어지럽고 눈앞이 부옇다. 바위와 물의 경계가 어른어른한 것은 처용이 지금까지 있었던 자신과의 대화를 잊어달라고 당부하는 손짓처럼 보인다. 설화 속에 잠들어 있는 처용으로 남고 싶다는 뜻이겠다.

외람스럽게도 억울함이 박제된 처용의 서사를 꺼내어 새롭게 해석해 보고 있다. 어쩔 수 없는 상황이든 높은 정신세계로 극복하려는 의지이든 참는 것만이 능사가 아니라 사실을 덤덤히 인정하는 것도 치유의 한 방법이라는 생각에서다.

설화는 인간의 간단없는 삶을 비추는 시대의 거울이라는 생각이 든다. 오늘의 복잡한 삶의 구조를 받아들이며 살아가는 일도 설화의 어느 장면을 새로이 쓰는 작업일 것 같다. 그러나 다양성을 넘어 살아내는 일은 만만치 않다. 자신의 의도와는 다른 방향으로 일이 흘러가다 그것이 그대로 굳어 버리는 얄궂은 경험도 하게 되기 때문이다.

언제나 그곳에서 그렇게 살고 싶다는 듯한 처용의 고백은 오늘을 사는 또 다른 '처용들'의 심정을 대변하는 듯하다. 오래된 아픔을 끄집어내어 다시 사람들의 입에 오르내리며 세인의 관심을 받는 것은 때로는 아픔일 수 있다는 것을 안다. 관심은 호기심으로 무장한 무기가 되어 가슴을 겨냥할 때도 있다. 그것을 알기에 이것으로 나는 처용과의 일을 입다물기로 했다.

(2009. 2.)

* 춘도섬: 울산 처용암에서 바다 쪽으로 약간 떨어져 있는 동백섬. 목도

# 까치밥

오지게 추운 날씨가 며칠째다. 예년에 비해 기온이 내려가 바깥에 나다니는 것이 성가시게 느껴지기도 한다. 그러나 겨울은 팽팽한 느낌이 들어서 좋다. 요즘처럼 맵싸한 날에는 감나무 끝에 남겨진 말간 홍시를 보는 것도 별미다. 만물이 정물 같은 계절에 생명을 느끼게 하는 흔치 않은 풍경이다.

집에서 북쪽으로 오백 미터 정도만 걸으면 자연촌이 나온다. 이곳 천상에 아파트가 들어서기 전부터 있던 마을의 일부로 지금은 몇 집만 남아 있다. 가끔 그곳으로 나들이를 한다. 고향이나 어머니가 그리울 때 올라가면 아파트 단지와는 달리 시골의 수굿함을 느낄 수 있어서다.

이끼 낀 야틈한 돌담들이 집과 집을 구분하고 밭가에도 둘러져 있다. 서너 굽이를 돌아 좁은 마당을 지나면 오른쪽에 낮은 지붕의 경로당이 나온다. 경로당 옆에 회갈색 산야를 배경으로 감나무 한 그루가 서 있다. 어르신 몇 분이 모여 앉아 두런거리는 말소리를 듣고 자란 나무도 토박이인 듯하다. 아름드리 둥치에 묵은 이끼가 푸릇하다.

코끝은 시리지만 맑은 날 감나무 아래에 서서 하늘을 올려다본다. 결 고운 벽색 비단을 무한히 펼쳐 놓았다. 잔잔한 청옥색 바다에 성긴 그물로 붉은 보석을 낚는 것 같기도 하다. 새들이 쪼아 먹고 남은 껍질이 너덜하게 매달린 것조차 꽃이 핀 것 같다. 무채색에 대비되어 활짝 핀 선홍색 감은 자연이 마음을 모아 그린 그림처럼 살아 있다.

옛사람들은 과실을 거두면서도 야박하지 않았다. 한겨울에 먹을 것이 없는 날짐승들을 위해 이삭을 흘려 놓는 것과 같은 이치다. 조무래기들의 손이 닿지 않는 곳에다 인정을 걸어두었다. 살림살이가 넉넉하지 않아도 누가 시키지 않아도 그들은 미물까지도 생각하였던 것이다. 주변을 돌아보고 배려하는 속 깊은 정서이기도 하다.

어릴 때는 감나무 꼭대기에 감을 남겨 두는 이유를 알지 못했다. 옛집에는 앞뒤로 큰 감나무가 한 그루씩 있었다. 감나무 잎이 다 떨어지고 감빛이 깊어지면 아버지는 뜰채를 닮은 망을 긴 장대 끝에 매달아 조심조심 감을 땄다. 고개를 뒤로 젖힌 채 오래도록 그 모습을 보고 있어도 지루하지 않았다. 아슬아슬하면서도 감을 다치지 않게 망에 담아 내리는 아버지의 솜씨를 보면 마술 같았다.

딴 감이 쌓일수록 나무에 남은 감이 점점 줄어들었다. 남은 감을 세고 또 세고 있을 즈음에 아버지는 몇 개를 남겨두고는 일을 끝냈다. 평소 아버지는 자로 잰 듯이 빈틈이 없게 일을 하기 때문에 이유가 궁금했다. 우리 집 감나무뿐 아니라 다른 집 나무에도 약속을 한 듯이 몇 개씩 남아 있곤 했다. 오래지 않아 궁금증은 풀렸지만 지금은 의미를 곱씹을수록 진한 여운이 남는다.

남겨둔 여남은 홍시는 서리가 내리고 눈이 내릴 즘에 더욱 빛을 발한다. 까치밥이라고는 하지만 회갈색 깃을 가진 직박구리가 와서 먹기도 하고 얼룩무늬의 오색딱따구리가 먹기도 한다. 물론 까치도 와서 먹는다. 날짐승이면 너도나도 초대되어 준비해 둔 별식을 맛볼 수 있다. 주위를 경계할 필요도 없고 남의 눈치도 볼 것 없다. 다만 함께 나눠 먹으면 그것으로 손님의 예는 차리는 것이 된다.

몇 개의 감이 원래는 까마귀를 위한 것이었다고 한다. 늙은 어미새가 먹이를 구하지 못하면 죽을 때까지 지극히 보살핀다는 효도의 새에 대한 배려였다고나 할까. 그래서 어느 곳에서는 '까막밥'이라고도 한다. '까치밥'이 된 데에는 까치가 사람이 사는 동네에 살며 친숙해졌고 길조라 생각한 것에서 비롯되었을 것이다. 까막밥이든 까치밥이든 부르는 것은 중요하지 않다. 누군가를 향한 배려하는 마음이 먼저다.

다들 경제를 논하며 살기 힘들다고 한다. 기온이 내려간 만큼 사람들의 마음도 얼어붙는 계절이다. 그러나 어디에선가는 추운 이웃을 위해 소리 없이 까치밥을 걸어두는 온정이 있다. 자선냄비에 일억여 원이라는 큰돈을 넣어두고 사라지는 행동이야말로 현대판 까치밥이 아닐까 한다. 하지만 아무나 따라할 수 없는 일이다. 자신의 형편에 맞는 그릇에 정성스러운 마음을 담으면 그것으로도 훌륭하다.

대선을 앞두고 후보들과 측근들은 막바지에 열을 올리고 있다. 형국을 살펴보면 감 몇 개 남겨 놓는 배려 따위는 없다. 자신의 주장만 옳고 남을 깎아내리는 데에 핏대를 올리고 있다. 하지만 사람들은 까막밥이든 까치밥이든 헛헛한 배를 채워 줄 최소한의 양심에 목말라 있다. 나는 서민이어서 남을 헐뜯는 싸움에는 관심이 없다. 다만 밥그릇을 채우는 것이 당장 급하다.

아직 봄이 오려면 멀었다. 이제 동지인데 올겨울에는 유난히 춥다고 한다. 추운 날씨보다 더 참기 힘든 것은 싸늘해진 마음이리라. 추울수록 체온을 나누는 이웃이 되어 주는 것은 자연이 그린 어떤 그림보다 더 아름답지 않을까. 서로에게 까치밥을 내거는 심정으로 대하면 온기가 널리 퍼져 세상을 덥힐 수도 있을 테니까.

(2012. 12.)

# 핑계

자신을 잊고 하고자 하는 일에 몰입할 수 있는 공간이라는 뜻으로 이름을 붙인 '무아정無我停'에는 둥글고 낮은 탁자가 있다. 이십 년 가까이 손때를 묻히며 습관처럼 써 온 것인데, 앉으면 배꼽보다 약간 위에 오는 높이라 편안하게 책을 읽고 노트북을 이용하기에 좋다. 그럴 때면 앉은 나의 눈높이에 맞춰 세상도 편안히 낮게 머무는 것 같아 흡족하다.

그렇지만 드나들며 탁자 위에 놓인 전화기를 사용하거나 글씨를 쓰기 위해 앉았다 일어섰다 하는 일이 거듭될수록 보통일이 아니었다. 한자리에서 계속 일을 한다면 크게 문제될 것이 없다. 하지만 볼일 때문에 자주 일어서야 하는 것이 문제였다. 그때마다 무릎이나 바닥을 짚고 기합 소리를 넣어야 허리를 세우는 게 수월했다. 저절로 나오는 소리에 허리가 기역자로 굽은 노파가 연상되었다.

생각다 못해 어느 집에서 쓰던 책상이 있다기에 얻어 오기로 했다. 덩치가 큰 가구는 물론 집안에 물건이 꽉 차는 것을 싫어해 또 하나의 책상이 집안에 들어오는 것이 마뜩잖기는 하다. 나에게 소용되는 물건이 하나씩 늘어날 때마다 나는 그 물건에 내가 종속되는 기분이 들어서 웬만하면 그냥 살고 싶다. 그래서 나의 집에는 변변한 가구도 없고 화려하고 값비싼 식기 세트도 없다. 오죽하면 내 집을 다녀간 사람 중에 누군가는 '꼭 하숙집 같다.'고 하였을까.

있어야 할 것이 없다면 살아가는 데 불편하다. 전처럼 사람들이 다 어렵게 산다면 너도나도 다를 게 없으니까 괜찮다. 하지만 이제는 돈이 있거나 없거나 편리를 위해 살림살이를 늘려간다. 그러는 세상에 가뜩이나 일에 치여 주말이면 초주검이 돼 살면서 불편함을 감수하며 몸으로 때울 자신이 없다. 괜찮은 문장 하나 쓰기 어려운 것도 책상 탓이기도 하려니 했는데 곧 책상에 편하게 앉아 글을 쓰게 되면 몸 떨리는 문장 하나쯤은 건질 수 있으리라. 책상을 부탁한 일은 참 잘한 일 같다.

그래놓고 가만히 생각하니 책상을 들여오는 일보다 나에게 더 필요한 일은 욕심을 들어내는 일인 것 같다. 살아갈 일이 막막하여 세상을 향하여 어금니를 깨물며 전사처럼 살 때가 있었다. 선명한 미래를 꿈꾸지 못하는 불확실한 현실이었지만 오히려 가진 것이 없어서 행복했다. 잃을 것이 더 없었기 때문에 두려울 것이 없었다. 삶에 대하여 그때처럼 가슴이 뜨거웠던 적은 없었던 것 같다.

그랬는데 최악의 궁핍에서 벗어나자 전의를 잃은 몸과 마음을 대신하여 전에 없던 물질에 대한 욕심이 가득한 것 같다. 무양무양하던 삶의 자세는 시나브로 유들유들해졌고 물질의 넉넉함이 가져다주는 단맛을 알고는 육신의 편함에 길들여져 가고 있다. 볼살도 오르고 뱃살도 늘어나서 남이 보기에 걱정 없는 사람처럼 보일지 모른다.

겉보기와 다르게 나는 요즘 속이 텅 비어서 걱정이다. 한끼를 무엇으로 먹을까를 걱정하던 때보다 지금이 더 멍멍하다. 나를 세속의 욕심과 맞바꿔버린 듯하다. 욕심 한 가지를 채울 때마다 마음자리는 그만큼 좁아졌던 모양이다. 내가 남인 것처럼 생경스럽다. 물론 빈틈없이 이모저모를 따져가며 사는 것은 피곤한 일일 것이다. 그리고 자신이 바란 대로만 살아지는 것도 아니다. 하지만 사람들은 자신이 생각하는 삶과 현실의 삶의 거리를 좁히려고 애쓰며 산다. 그런데도 나는 바투 잡았던 마음의 고삐를 늦추고 맥을 놓아 버린 것이 분명하다.

지금 좌식의 불편함을 덜고자 책상을 들여놓는 일보다 마음속에 있는 욕심을 한 가지씩 버리는 일이 더 급하다. 글을 쓸 수 없다고, 쓸 거리가 없다고 한탄을 할 일이 아니라 조용히 내 안을 들여다보며 자신을 불러내 진심을 털어놓게 해야 한다. 글을 쓰기 위해 낙향을 하고 시골에 칩거하는 이들을 부러워할 일만은 아닌 것 같다. 온전한 자신과 마주할 수 있는 한적한 농가에 '무아정'을 당장 옮길 수는 없는 노릇이지만 눈과 귀를 부지런히 살피고자 한다.

(2009. 5.)

# 쓴소리

사방을 둘러보아도 산밖에 보이지 않고 하늘을 올려다보면 마치 하늘이 산에 둘러싸인 맑은 호수 같은 곳이 내가 태어나 자란 곳이다. 산중에 자리 잡은 동네는 어른의 벌린 가랑이 넓이만 한 도랑을 사이에 두고 이웃들이 살았다. 예닐곱 집이 대문도 없는 마당을 무시로 드나들며 서로의 숟가락 숫자도 셀 만큼 살가웠다. 짚이나 함석으로 지붕을 이거나 밭일이 벅찰 때면 걸쭉한 막걸리 한 사발로도 품앗이를 하는 허물이 없던 사이였다.

오래전에 화전을 일구고 살기 시작한 마을이었을 것이다. 가진 것은 없었으나 부지런함으로 집 주변의 밭을 기름지게 하고 거둔 것이 모자라면 서로 나눠 먹을 줄도 아는 사람들이었다. 고만고만한 살림살이라 크게 욕심낼 것도 없었고 풍족하지는 않았지만 먹고사는 데는 자연도 한몫을 해 주었다. 봄에는 나물, 여름에는 열매, 가을에는 곡식, 겨울에는 땔감. 이처럼 내 고향은 이웃과 자연이 함께 살림을 하는 곳이었다.

동네 사람들은 농한기에 새벽녘까지 '점에 10원' 하는 화투판을 벌이기도 했다. 시시콜콜한 이야기를 늘어놓다 때론 말다툼이 되어 꽁했다가도 다음날이 되면 서로가 불편할까 봐 조심을 했다. 손금 보듯 훤한 동네에서 누가 누구를 외면하고 살기는 쉽지 않았다. 어떻게 하든 좋은 관계를 유지해야 서로에게 좋았기 때문이다. 특히 나의 아버지는 집안에서 가족을 힘들게 하는 한이 있어도 이웃에 폐가 되는 것을 싫어하였다.

가족에겐 온통 '하지 마라', '하면 안 된다'는 것 천지였다. 어린 우리가 턱이 높은 문지방을 넘는 것이 쉽지 않아 어쩌다 밟고 서는 것도 나무랐다. 펴고 있는 다리나 누운 사람을 타넘고 다니는 것도 꾸중을 들을 일이었다. 정월 초하루 아침에는 머리를 감는 일조차 금했다. 그중에서 해가 질 무렵에 우리가 빨랫방망이를 두드리는 것을 아주 싫어했다. 한달음에 도랑까지 달려올 만큼 못마땅해 하였다.

아버지는 우리에게 '하지 말아야 하는 것'만을 가르치기 위해 존재하는 사람 같았다. 아버지의 몸속에는 온통 우리에게 해 줄 금기들로 가득찬 사람처럼 보였다. 따뜻함이나 부드러움은 애초에 전혀 알지 못하는 듯이 평소에 칭찬 한마디도 없는 분이었다. 우리에게 말을 할 때라곤 언제나 금해야 하는 행동을 지적할 때만이었던 것 같다.

아버지의 사랑에 목말라 했던 자식들의 마음은 눈곱만큼도 헤아리지 못하는 분이라고 늘 생각했다. 근엄하고 차가운 아버지의 모습이 보이지 않을 때 안도감이 들기도 했지만 한편으로는 언제 다시 불쑥 채찍비 같은 소리를 들을지 몰라 불안감이 몰려오기도 했다. 아버지에 대해 불만이 쌓이자 자식들에게 자상한 친구의 아버지가 내 아버지였으면 좋겠다고 생각한 적도 있다. 게다가 미래의 남편감을 꿈꾸기도 했는데 아버지와 정반대의 사람, 즉 따뜻하고 자상한 사람이었으면 하고 바랐다.

사람은 약한 모습도 때로 필요하다. 감정을 진실하게 드러내는 것만으로도 큰 효과를 거둘 수 있기 때문이다. 하지만 아버지가 그러했던 것은 아버지만의 방법이었던 것 같다. 가진 것 없고 배운 것이 많지 않은 아버지로서 여러 자식을 거느리자니 냉정하고 엄할 수밖에 없었던 것은 아닐까 싶다. 부모로서 따뜻함과 냉정함의 중간 정도의 처사가 쉽지 않았을 것을 지금은 조금 이해할 것도 같다. 귀여워했다간 까딱하면 상투 잡으려고 하는 아이들을 무슨 수로 다잡아 기를 수 있을 것인지, 나가서 버릇없다는 소리를 듣지는 않을지, 자식들이 사람 구실은 제대로 하고 살아야 할 것이라는 염려에서 비롯되었을 것이다.

아버지가 금하는 말들에는 좋은 것이 좋다는 긍정의 생각이 들어 있었다. 오래도록 속뜻을 알지 못했던 '해가 지면 빨랫방망이를 두드리지 말라.'는 것에 대한 의미를 생각해 보았다. 다른 사람을 배려하고자 하는 마음이었을 것 같다. 산속 동네라 해가 일찍 지면 사람들은 낮 동안의 육체노동에서 놓여나 긴장을 풀고 몸과 마음을 쉬고 있을 시간이다. 평화로운 저녁을 깨고 들려오는 산이 울리는 방망이 소리는 심장을 두드리듯 하여 이웃에게 방해가 되지 않을까 하는 걱정에서였을 것이다.

잘하는 일에 대하여 칭찬과 격려를 듣기보다 잘못하는 일에 대하여 혼이 난 기억밖에 없는 나는 성장하는 내내 자신감이 없었다. 다만 남들보다 공부를 좀 앞서거나 취직을 빨리 하였을 때 아버지의 무표정과 묵언에서 기쁨과 긍정의 힘을 배웠다. 절제하는 법도 배웠고 배려도 배웠다. 듣기 좋은 소리만 듣고 자랐더라면 녹록하지 않은 세상 앞에서 주저앉고 싶었을 때 내게 독이 되어 아마 지금 서 있지 못했을지도 모르겠다.

상처를 주기도 하고 아팠던 것들이 지나고 나면 더 진한 그리움이 되기도 한다. 따스했더라면 더 좋았겠지만 그러지 못했던 아버지의 쓴소리가 내 안에 가득 차서 지금은 약이 되고 있다.

(2009. 4.)

# 목물

여기저기에서 음색이 다른 청아한 악기 소리가 들린다. 불 꺼진 무대에서 풀벌레는 도돌이표에 충실한 연주자가 되어 밤새 들어도 질리지 않는 연주를 한다. 그 소리만으로도 기온이 달라졌음을 느낀다. 아침저녁으로 감도는 선선함은 늘어졌던 몸과 기분을 팽팽하게 끌어당긴다. 풀벌레 소리와 선선함 중에 어느 것이 먼저인지 모르겠지만 입추가 되자 둘은 약속을 한 것처럼 우리 곁으로 와 변화를 알린다.

이번 여름의 더위는 유난했다. 더위를 타는 편이 아닌데도 애를 먹었다. 평소 어지간하면 선풍기 바람을 쐬는 것도 달가워하지 않았다. 하지만 밤에도 잠을 이루지 못하는 날이 반복되자 한밤에 에어컨을 여러 차례 켜기도 했다. 주변의 이야기를 들어 보니 고생을 할 만큼 하고 견디다 못해 에어컨을 샀지만 설치하는 데만 일주일을 기다려야 했다고 한다. 해를 거듭할수록 더위는 기세가 더할 모양이라 벌써부터 내년 여름이 걱정된다.

한풀 꺾인 지금도 한낮에는 여전히 물쿤다. 그러니 삼복을 지날 때는 오죽했으랴. 지독한 더위는 '날씨의 신'이 지구를 덥히는 사람들에게 경고하기 위해 내려 보낸 심부름꾼 같다. 가만히 있어도 땀은 쉴 새 없이 흐른다. 하루에도 몇 번씩 온몸에 물을 끼얹어도 그때뿐이다.

더우면 집안에서 더위를 피할 일인데도 사람들은 굳이 고생을 하며 '피서'를 떠난다. 더위를 피하러 가는 것이라지만 사람들에게 치이고 차에 밀리면서 더위를 한층 부추긴다. 너나 할 것 없이 나서는 행렬을 보며 옛사람들의 여름나기가 그립지 않을 수 없다.

어릴 때 살던 집은 깊은 산속에 자연처럼 있었다. 주위에서 구한 것들로 사람과 자연이 조화롭게 살 수 있게 만든 흙벽 집이었다. 야틈한 초가에 밤이 내리면 호롱불 옆에서 새끼를 꼬던 아버지의 그림자가 벽화 속의 거인처럼 새겨지던 시절이었다. 디귿 자 모양으로 된 집의 마당 끝에는 산에서 내려오는 차갑고 맑은 도랑이 있었다.

도랑은 우리에게 많은 것을 베풀었고 우리는 그것에 적잖은 부분을 기대어 살았다. 도랑을 중심으로 예닐곱 집이 살았던 동네 맨 위쪽의 물은 집집마다 초롱에 길어다 먹었다. 집 앞의 물에서는 빨래도 하고 여름이면 한쪽에 돌을 둘러 막아놓고 김치단지를 둥싯 띄워두기도 했다. 이따금 도랑 속의 주먹만 한 돌을 살그머니 들어 가재를 잡고 반질한 물방개가 재주를 부리는 모습을 보기도 했다. 겨울이면 마당에 내린 눈을 쓸어 도랑을 메우고 삽으로 다져 미끄럼을 탔다.

그 가운데에서도 도랑이 가장 빛을 발할 때는 강더위에 목물을 할 때였다. 도랑가에는 그늘을 적당히 만들어 주는 버드나무가 한 그루 있었고 넓적한 빨랫돌이 있어 목물을 하기에 안성맞춤이었다. 어쩌다 큰물이 져서 널따란 빨랫돌이 어그러져도 아버지는 아귀를 맞추는데 선수였다. 벽돌을 쌓은 듯이 앞도랑은 늘 정연했다.

아버지는 들일이 한창이면 이슬이 걷히기 전부터 해껏 들에서 살았다. 점심때가 되어 돌아온 아버지는 붉다 못해 까맣게 그을린 모습이었으며 숨은 턱에 차 있곤 했다. 초롱에 담긴 물 한 대접을 들이켜고는 도랑으로 나를 불렀다.

아버지가 윗옷을 벗은 뒤 물속에 손을 짚고 엎드리면 나는 내 키만한 아버지의 등에다 바가지로 찬물을 끼얹었다. 작은 손으로 볕에 익은 아버지의 등을 쓸어 보면 뜨뜻했다. 어린애가 끼얹는 물은 시답잖았을 것이다. 그래도 아버지는 "시원타!" 하며 등을 타고 뒷목 쪽으로 흘러내린 물을 "푸우, 푸우." 투레질하듯 했다. 내 옷이 젖어갈즈음 아버지는 "이제 살 것 같다."고 했고 달구어졌던 등도 서늘해져 있었다.

변변한 시설이 없는 산골에서 무더위를 식힐 수 있는 방법이 달리 있었던 것이 아니다. 불가물에 곡식들도 시르죽을 것 같을 때 목물은 주저앉을 듯한 심신을 상활하게 해 준다. 얼음 같은 물로 등을 몇 번 적시고 나면 열기가 사라진다. 목물은 자연에 거스름이 없는 행위다. 절제하면서 만족할 줄 알고 작은 것으로 큰 것을 얻는 지혜다. 그렇게 함으로써 자연이 주는 혜택을 누리며 여름도 시원하게 났던 것이다.

그렇다 하더라도 목물은 혼자서 할 수 없다. 누군가의 도움을 받아야만 한다. 남의 손을 빌려야만 하는 데에는 조상들의 슬기가 숨겨져 있을 듯하다. 자신을 낮추지 않고서는 얻을 수 없는 행위를 통해 겸손을 알게 되었을 것이다. 또한 얼얼해진 등을 훔치며 상대가 만족해하면 덩달아 더위를 잊으면서 미묘한 동질감을 갖게 되었으리라.

오늘날에는 몸을 씻고자 한다면 혼자서도 해결할 수 있지만 산골에서는 대낮에 몸 전체를 씻는 일이 쉽지 않았다. 그나마 남자들은 윗옷을 벗어부치고 목물을 할 수 있었지만 여자들은 얼굴과 팔 다리를 적시며 밤을 기다려야 했다. 하나둘 달빛 아래 모여 식은 몸을 찬물에 적시면 새파래진 입술 안에서는 어금니가 딱딱 소리를 냈고 오금이 굳을 정도였다. 밤에 멱을 감는 일은 어쩐지 가을 부채 같지만 낮에 목물을 못하는 여인들로선 달리 수가 없는 고충이었다.

요즘은 편의를 위해 집안에 들여놓은 물건들이 많다. 이것들이 내뿜는 열로 달구어진 집안에서는 낮에 잠시 눈을 붙여도 시원한 자연 바람을 기대하기 어렵다. 그러니 선풍기라도 틀어놓게 된다. 같은 바람이라도 흙벽에 난 창으로 들어오는 바람과 본질이 다르다. 물은 또 어떤가. 물을 물 쓰듯 온몸에 자주 끼얹지만 예전에 목물 한 번 하는 것보다 못하다.

한 세대가 훌쩍 지난 일이므로 지금과 비교하는 것부터 잘못인지 모른다. 또한 지금의 풍족함과 편리함을 누리는 것도 나쁘지는 않다. 그렇지만 시간이 지날수록 옛 살이의 풍경과 정서가 그립다. 자연 안에서 모자라듯이 살았던 선조들의 품성은 날이 가도 빛이 난다.

(2012. 8.)

4부

# 일병의 전환

남자는 군대를 가야 한다, 군대를 다녀와야 철이 든다고 말하는 이유를 이제야 조금은 알 것 같다고 합니다. 군대라는 곳이 딱히 사회에서 필요한 기술을 가르쳐 주는 것은 아니지만 생각을 깊게 하고 주변을 둘러보게 만들어 주는 것 같다는군요. 예전에는 미처 생각해 보지 않았던 사실에 대해서, 주위에 관심조차 두지 않았던 것들에 대해서 조금씩 생각을 해 보게 되더라는 것입니다.

# 일병의 전화

밖에 나가 보지 않아도 볕의 두께와 나무의 떨림만으로도 날씨를 가름할 수 있을 듯합니다. 간간이 비가 내리고 난 후에 겨울이 눈에 띄게 깊어져 가고 있음을 느낍니다. 별것 아닌 것 같은 날씨가 어느 때는 마음을 흔들어 놓기도 합니다. 이럴 때는 날씨가 자식과 닮았습니다.

해마다 맞는 겨울이지만 올겨울에는 달라진 점이 있습니다. 지난해에는 집 떠나 있는 두 아이에게 각각 안부를 전하는 것이 겨울 준비의 시작이었습니다. 그러나 아들이 삼월에 군에 간 이후 딸만 챙기면 될 줄 알았습니다. 군인은 군대에서 모든 것을 책임지고 관리해 줄 것이라는 생각 때문이었지요. 군에 대한 믿음도 컸지만 아들에 대한 걱정을 군대에 있을 때만이라도 조금 내려놓고 싶은 마음이 있었던가 봅니다.

아들은 가끔 전화를 걸어옵니다. 주말에는 영화와 드라마도 보고 종교 활동을 하며 자유 시간을 보낸다고 합니다. 책도 읽을 수 있는 짬이 있다고 그럽니다. 물론 활동에 따라 선임의 눈치를 봐야 하기도 하겠지만 임무를 수행하고서 누리는 여유입니다. 그 틈에 아들은 공중전화를 붙잡고 엄마에게 아빠에게 누나에게 때로는 친구에게 전화를 합니다. 애타는 가뭄지역에 해갈을 시켜주듯이 자신의 일상을 공평하게 알려줍니다.

연락이 올 때쯤 되었는데 소식이 없으면 궁금하기도 합니다. 하지만 대체로 나 자신도 바쁜 나날을 보내고 있어서 일일이 손을 꼽아보지는 않습니다. 오히려 예상보다 이르게 연락이 온다는 것은 뭔가 일이 생겼다는 뜻이기도 하니까요.

계절이 바뀌거나 필요한 것이 있으면 품목을 적어두었다가 상점 주인에게 주문을 하듯 한꺼번에 불러줍니다. 스킨과 로션을 비롯하여 면도날이 떨어졌다고도 하고 수면양말이나 톡톡한 장갑을 보내달라고도 합니다. 빠뜨리는 것 없이 잘 챙기다 보면 돈이 만만치 않게 듭니다. 군대에 보내놓으면 돈 들어갈 데가 없을 것이라 여겼는데, 누군가 '군대에 보내는 것은 국방대학에 보냈다고 생각하면 된다.'고 한 말이 실감납니다.

물론 일부 품목을 빼고는 보급품이 없는 것은 아닙니다. 그렇지만 요즘 아이들이 바깥에서 사용하던 것과 군대에서 나오는 것의 품질의 차이를 참지 못하고 좀 더 나은 것을 찾기 때문일 것입니다. 세금을 이왕 들일 바에 잘 만들 것이지 하는 푸념을 하게 되지만 추위를 참아 가며 규율 속에서 의무를 다하고 있는 아들에게 부모는 무언들 못 보낼까요.

기우제를 지내듯 간절한 마음을 담아 한 보따리를 보내고 난 후 얼마 되지 않았을 때입니다. 제 차례가 아닌 것은 분명한데, 연락이 왔습니다. 그것도 평일 오전에. 지금까지 아들이 자라는 것을 지켜본 엄마로서 이것은 정상범주를 벗어나는 상황임을 직감합니다. 여차하면 방망이질을 할 태세를 갖추고 심장은 잔뜩 긴장합니다. 소나기가 아니면 천둥이나 폭풍일 수도 있거든요.

아들의 음성은 차분했지만 일이 생기긴 생겼네요. 옷이 살짝 젖을 이슬비 정도지만요. 봉와직염에 걸려 어젯밤에 의무대에서 치료를 받고 지냈다고 합니다. 군인들에게 흔히 발병한다는 이름도 생소한 병명을 따라 되뇌며 방망이를 내려놓고 심장을 훑습니다.

며칠이 지난 후 아들은 또 전화를 했습니다. 심각한 질병이 아니어서 그런지 의무대에서 수액을 맞으며 사나흘 치료를 받아 나아져서 그런지 목소리는 봄바람같이 살랑댑니다. 이참에 휴가를 받은 셈치고 좀 쉴 수 있었다고 합니다. 그러더니 묻지도 않은 이런저런 이야기를 합니다. 꽃잎에 앉을락 말락 하는 나비의 날갯짓처럼 간지럽습니다.

남자는 군대를 가야 한다, 군대를 다녀와야 철이 든다고 말하는 이유를 이제야 조금은 알 것 같다고 합니다. 군대라는 곳이 딱히 사회에서 필요한 기술을 가르쳐 주는 것은 아니지만 생각을 깊게 하고 주변을 둘러보게 만들어 주는 것 같다는군요. 예전에는 미처 생각해 보지 않았던 사실에 대해서, 주위에 관심조차 두지 않았던 것들에 대해서 조금씩 생각을 해 보게 되더라는 것입니다.

뒤이어 이런 말을 하더군요.

“엄마, 어디 아픈 데 없어?”

대수롭지 않은 이 말에 나는 번개라도 맞은 듯 무너졌습니다. 무수한 말로도 담지 못하는 깊은 의미를 짧은 말 한마디가 강하게 전해주더군요. 두툼한 아들의 손이 명치 밑을 살살 문지르는 것 같았습니다. 가슴까지 벌렁대는 것도 같았습니다. 그와 동시에 이따금 속을 끓였던 아들에 대한 이제까지의 감정이 물거품처럼 사그라지는 듯했습니다. 밤늦도록 창을 흔들던 바람이 아침이 되자 거짓말처럼 잠잠해지는 듯한 경험 말입니다.

별말 아닌 이 말을 저는 아들에게서 처음 들은 것 같습니다. 보호받고 있다는 느낌을 주는 살가운 이 말을 다른 누구에게도 들은 기억이 없습니다. 딸과 아들의 건강을 내가 염려하는 것이 당연하다고 여겼고 익숙했습니다. 자식들이 못돼먹어서 그런 것은 아니라고 봅니다.

나도 부모님이 살아계셨을 때는 부모에게 큰 걱정을 끼치지 않은 딸이었음에도 부모님의 건강을 걱정해 본 적은 없는 것 같습니다. 마음은 있었을지 모르지만 입 밖으로 내기 어려운 말인지도 모릅니다. 부모님이 이생에서 다시는 내 음성을 들을 기회가 없을 때까지도 간지러워서 하지 못했던 말입니다. 그 말을 바람 없는 날 따순 햇살처럼 일병 계급을 단 아들이 내게 한 것입니다.

며칠 의무대 신세를 지면서 문득 건강의 소중함을 깨달았을 것이고 그간 엄마의 속을 끓였다는 자책도 조금 했을 테지요. 날은 나날이 추워지고 있는데 혼자 있을 엄마를 생각하니 불현듯 그런 말이 나왔겠지요. 아무려면 어떻습니까. 표현하기 어려운 감정을 말로 전달하여 엄마에게 생각지도 못한 감동을 안겼으면 된 겁니다. 이만하면 김일병은 국방대학에서 과정을 잘 이수하고 있는 장학생감입니다.

한참 전에는 화단의 사철나무가 정신없이 흔들리더니 지금은 미동조차 없습니다. 잘못 보았나 싶어 창가로 바짝 다가가 내다봅니다. 골을 돌아 나왔던 소소리바람이 동 사이로 빠져 나갔나 봅니다. 문득 다가온 고요함이 낯설기는 하지만 평온에 빠져봅니다.

(2014. 11.)

# 물림

좋은 모습보다 좋지 않은 모습을 보면 누굴 닮아서 그러냐고 말할 때가 있다. 그 말에는 당사자의 허술함을 말하면서도 그것이 다른 사람의 탓인 것처럼 여기게 하는 은근함이 있다. 누군가를 닮았기 때문에 자신이 이 모양이라는 묘한 안도감을 주는 말 같다. 주로 부모의 좋지 않은 면을 자녀에게서 발견할 때 밉지 않은 눈길로 바라보며 쓰게 되는 말이다. 이 말을 듣고 자녀는 자신의 부족한 점을 생각하기보다 확실한 핏줄을 인정받은 것 같아 눈을 흘기면서도 행복해할 것이다.

말투와 손짓 하나까지도 부모를 닮은 것을 보면 놀랍다. 하지만 핏줄이기 때문에 닮는 것만도 아니다. 함께하는 시간에 비례해서도 닮고 얼마만큼 사이가 각별한가에 따라서도 닮아가는 것 같다. 또

강렬함의 차이에 따라서도 닮는다. 닮는다는 것은 긍정적인 것이든 부정적인 것이든 영향을 받기 때문일 것이다.

나는 많은 부분에서 아버지의 영향을 받았다. 그중에는 정리정돈을 잘하는 좋은 습관도 있고 내 마음에서 멀어진 사람과는 말을 하기 싫어하는 좋지 않은 성격도 있다. 아버지는 헛간 벽에 열 맞춰 못을 박고 호미와 곡괭이를 걸어두었다. 맨 왼쪽은 끝이 뾰족하고 날카로운 아버지 전용 호미를 걸어두는 자리였다. 어쩌다 누군가 아버지의 호미를 쓰고 그 자리에 걸어놓지 않는 날엔 동네가 들썩하게 노여워했다.

닮고 싶지 않았지만 영향을 받은 또 한 사람은 강원도에 사는 시어머니다. 어머님은 전형적인 강원도 시골 아낙이다. 투박함과 남을 배려하지 않는 것들이 마음에 들지 않았다. 나는 설거지를 마치고 나면 행주를 꽉 비틀어 짠 채로 가지런히 놔둬야 직성이 풀렸다. 그것을 보고 어머님은

"숨통이 맥히게 우에 그래 꽉 비틀어 놓나. 되던 일도 마카 꼬이겠다."

하면서 느슨하게 풀어놓곤 했다. 기껏 해 놓은 일을 망쳐 놓는 것 같아 못마땅했다.

어느 날은 추어탕을 끓였으니 먹으러 오라고 했다. 어머님이 끓이는 추어탕은 특별했다. 텃밭에 심은 근대와 부추를 뜯어다 썰고, 잘게

썬 양파를 함께 넣어 밀가루를 술술 뿌려 버무려 둔다. 그러고는 가마솥에 막장을 풀어 끓인다. 푹 삶아서 채에 곱게 내린 미꾸라지를 넣고 끓으면 버무려 둔 채소를 넣어 다시 한소끔 끓인다. 마지막으로 달걀을 풀고 소금 간을 한 추어탕은 냄새만 맡아도 침이 넘어갔다.

둘러앉아 추어탕을 다 먹어갈 즈음 어머님의 느닷없는 행동에 나는 질겁을 했다. 드시던 그릇 바닥에 조금 남은 국물을

"니 마이 무라. 국물이 구수하다."

라고 하면서 내 국그릇에 다 들이붓는 것이었다.

어머님을 더 이해하기 힘든 것은 날이 밝기 전 어스레한 부엌에서 아침 준비를 할 때 불을 켜지 않는 것이었다. 침침한 가운데 설거지도 하고 도마질도 했다. 그 정도의 불을 켠다고 전기사용료가 많이 나오는 것도 아닐 텐데 늘 그랬다. 도마 소리에 나와 보면 어둑한 데에서 찌개까지 끓이고 있었다. 제대로 보이지 않는 곳에서 답답하게 왜 그러는지 이해하기 힘들고 청승맞아 보였다.

그런데 이해하기 힘들고 싫어했던 것들을 날이 갈수록 내가 하고 있다. 나도 누군가 내 물건을 쓰고 제자리에 두지 않아 찾게 되면 화가 머리끝까지 난다. 평소엔 차분했던 아버지가 그랬던 것처럼 불쑥 큰소리를 낸다. 영락없는 아버지의 옛 모습이라 속으로 깜짝 놀란다. 어렸을 때 아버지의 모습 중에 마음에 들지 않는 점은 닮고 싶지 않았지만 어느새 나의 것이 되어 있었다.

또 이제는 비틀어진 채로 있는 행주가 가슴을 조이는 것 같아 느슨하게 풀어놓는다. 누가 시키거나 다시 풀어놓는 사람이 없는데도 느슨한 것이 더 편해 보인다. 이다음에 며느리가 행주를 꼭 짜 두면 숨통이 막힐 것 같다며 내가 다시 털어놓을 것 같다. 그러면 며느리는 은근히 시집살이 시킨다고 싫어할지도 모른다.

지금 떠올려도 속이 울렁거릴 만큼 비위생적이라고 질겁했으면서 나도 아이들 의사를 물어보지 않고 국그릇이나 밥그릇에 덜어주려고 한다. 아이들은 예전의 내가 그랬듯이 나의 그런 행동을 싫어하지만 나는 하나라도 더 주고 싶다. '마음'이기 때문이다. 며느리가 어떻게 생각하든지 간에 어머님도 당신 나름의 방식으로 나에게 마음을 주었던 것이리라.

가끔 나도 모르게 주방에 불을 켜지 않고 도마질을 한다. 딸아이가 불을 켜 주며 어둠 속에서 양념의 양이 가늠되는지와 답답하지 않은지 궁금해 한다. 나는 전기가 아까워서 그러는 것만은 아니다. 가족이 아직 일어나지 않은 이른 시간에 주방에서 달그락대는 것도 미안한데 불까지 훤히 밝히기가 뭣해서 그런다. 게다가 밝지 않아도 이제는 일이 손에 익어서 불편함이 없기 때문이기도 하다. 그래도 여전히 딸아이는 나를 이해 못하겠다고 한다.

문득 생전의 아버지와 강원도의 어머님이 내 행동에 살아 있음을 느낀다. 좋은 점만 대물림해 주고 싶은데 나는 어른들의 좋지 않은 점이라고 생각했던 것을 많이 닮아 있다. 그렇지만 싫어하면서도 닮은 것은 세월과 함께 삶의 지혜가 되는 것 같다. 이제 아버지와 어머님 삶의 일부분이 내 안에서 숙성된 뒤 다음으로 이어질 것이다. 어디에서나 나의 삶 한 부분이 빛날 수 있게 하려면 오늘 하루도 금쪽 같다.

(2009. 7.)

# 애정사가 필요해

지갑 속을 보니 만 원짜리 지폐가 석 장뿐이다. 평소에 카드를 주로 이용하기 때문에 현금을 얼마나 가지고 있는지 무심하였는데 당장 곤란스럽게 되었다. 곧 지인의 출판기념회가 열리는 곳으로 가야 하는 상황이다. 일정을 알고 있었지만 어쩌다 보니 봉투를 미리 챙겨두지 못해 일이 상그럽게 됐다.

소소한 것들이 간단하지 않을 때가 생각보다 많다. 나는 이 상황에서 축의금을 얼마나 넣어야 할지 고민이 되었다. 현재 가지고 있는 삼만 원을 넣을 것인지, 아니면 퇴근시간이라 붐비는 길을 감수하고서라도 은행엘 가야 할지 옷을 갈아입으면서도 고민은 계속되었다. 그러나 집을 나서기 직전에 생각을 정하였다. 눈앞에 생긴 일이 계기가 되긴 했지만 부조금이 정해져 있는 것은 아니므로 나의 형편에 맞게 넣으면 된다는 쪽으로 바꾸었다.

부조금 내지 축의금에 관하여 사람들이 오래도록 버리지 못하는 생각이 있긴 하다. 적당할 것 같긴 한데 왠지 성의 없어 보이는 것 같고, 좀 더 하자니 부담스럽다. 좋은 게 좋다고 그럴 때는 보통 눈감고 무리를 하는 게 상례다. 하지만 나는 과감히 상례를 벗어나 나의 형편대로 하자고 결론을 내린 것이다. 더구나 출판회를 여는 당사자도 나의 형편을 잘 아는 처지니 크게 흉 되지 않으리라는 생각도 한몫했다.

할까 말까 망설일 때는 하라. 줄까 말까 망설일 때는 주어라. 살까 말까 망설일 때는 사지 마라. 말할까 말까 망설일 때는 하지 말라는 말이 있다. 나의 경우는 '더 넣어야 하나 말아야 하나'를 고민한 것이니 '더 넣었어야' 했다. 그렇게 하지 않았기 때문에 출판회에 들렀다 돌아오는 내내 돌을 얹은 듯이 마음이 편하지 않았다.

오만 원짜리 지폐가 나오기 전이라면 어쩌면 하지 않아도 될 고민이다. 얼마 전만 해도 만 원짜리 석 장은 축의금으로 모자람이 없다고 느꼈다. 하지만 요즘은 봉투에 넣을 때 만 원짜리 석 장과 오만 원짜리 한 장을 결정짓는 것이 고민거리다. 오만 원을 하자니 주머니 사정이 떠오르고 삼만 원을 하자니 좀스러운 것 같다는 생각도 든다.

대부분의 사람들이 별것 아닌 것 같은 것에도 고민을 하나 보다. 세상을 살다 보면 애매한 것 때문에 때로 다투기도 하고 고민을 하기도 한다. 이러한 세태를 반영하여 어느 방송사 개그 프로그램 중에 '애매한 걸 정해주는 남자'가 재미를 주었다. '애정남'은 실생활에서 사람들이 겪는 애매한 상황을 깔끔하게 정리해 주며 웃음을 주는 코너인데 꽤 그럴듯하여 생생하다.

그중 축의금에 관한 내용이 내가 고민한 것이어서인지 특히 인상 깊다. 간추려 보자면 이렇다. 결혼축의금으로 삼만 원을 넣을 것인지 오만 원을 넣을 것인지 애매할 때는 결혼성수기인지 비수기인지 따져서 결정하면 된단다. 봄가을의 결혼성수기에는 '기본'인 삼만 원만 하면 되고 비수기일 때는 오만 원을 하면 된다나. 또 오만 원을 넣어야 할지 십만 원을 넣어야 할지 애매한 경우는 '친한 친구'일 때는 오만 원, '아주 친한 친구'일 때는 십만 원이란다. '친한'과 '아주 친한'의 구분은 친구 부모님이 내 이름을 알면 '아주 친한' 것이므로 십만 원짜리라고 한다.

애매하여 고민이 되는 것에 대해 가려운 곳을 긁어주듯 명쾌하게 답을 해 주는 남자, 그래서 그가 주목을 받았던가 보다. 결혼축의금은 아니지만 애정남의 결론대로라면 가장 무난한 오만 원 선으로 했어야 한다. '기본'으로는 어쩐지 모자라는 것 같아 찜찜한 기분을 떨칠 수 없다. 액수가 중요한 것이 아니라고 할 수 있지만 결국 내가 지금껏 마음이 불편한 것은 액수 때문이다. 축하하는 마음이라면 누구에게 뒤지지 않을 것이지만 결정을 애매하게 잘못하여 부조를 하고도 하지 않는 것만 못한 꼴이 된 것 같다.

물론 애정남은 기본을 했다고 경찰관에게 잡혀가는 것은 아니라고 말한다. 그러나 관습은 오랫동안 사람들 사이에 보이지 않는 약속이 된 것처럼 은근한 강제력이 만만치 않다. 나는 번번이 통례를 거부하고 나서 뒷감당이 되지 않아 당혹스러워 한다. 법도 아닌 것을 지키지 않는다고 손가락질 받는 것은 아니니 내가 깨 보자는 반항심도 작용한다. 하지만 종국에는 괴로운 마음을 추스르느라 더 많은 시간을 보낸다. 그러고 나서는 후회하기 일쑤다.

사람의 마음이라는 것이 어떤 것을 하고 나서 후회하는 것보다 하지 않고 후회하는 것이 더 오래 남는가 보다. 더욱이 내가 손해를 좀 보는 듯한 기분이 들게 행동하지 않았을 때에는 마음자리에 온통 가시투성이이다. 그러면서도 나는 망설였던 것을 잘 매듭짓는 것에 매번 서툴다.

따지고 보면 적은 듯해서 뒤가 켕기는 것은 나의 고민일 뿐이지 정작 받는 입장에서는 염두에 두지 않을 수 있다. 결국 내 마음이 편하고자 하는 고민인 셈이다. 관습 때문이라고 했지만 자신이 정한 금액에 스스로를 가두어서 괴로운 것인지 모른다. 그렇긴 해도 여전히 선명해지지 않는다.

나와 같은 사람에게는 '애매한 것을 정해주는 사전', 즉 '애정사'가 있으면 요긴할 것 같다. 난감한 상황에서 어떻게 해야 하는지 조목조

목 실려 있는 사전을 펼치면 나의 우둔함이 조금은 해결될는지 모르겠지만.

(2013. 8.)

# 天平, 地平

사람에게는 저마다 맞춤한 거르개가 있는 것 같다. 관심을 가지고 있는 것과 자신이 필요로 하는 것들만 받아들이는 특수한 장치 말이다. 이 장치는 오로지 자신의 주파수에 따라 작동하는 단점을 가졌지만 때로는 자신만의 색깔을 만들어내기도 한다. 나의 거르개는 한쪽이 막혀 있어 내가 외눈박이와 같은 옹색한 소견을 갖게 되지 않았나 싶다. 남이 무슨 말을 해도 자신이 생각하는 것을 미련스럽게 고집하다 보니 매번 시간의 눈치를 보며 산다.

되 글을 가지고 말 글로 써먹으며 사는 형편이라 나는 다른 사람의 몇 배에 달하는 일을 감당하기 위해 종종거린다. 더구나 지면에 깨를 붓듯이 한 자잘한 글자를 잠을 쫓아가며 읽어야 하고 수북한 난필과 악필을 해독하기 위해 눈에 불을 켜야 한다. 이러한 날이 쌓일수록 위기감을 느껴 눈 영양제를 먹거나 발끝치기를 하는 등 급한 불을 꺼보자는 심산으로 버티고 있다. 하지만 주인을 잘못 만나 낮과 밤을 잊은 내 눈은 급기야 신호를 보내왔다.

눈꺼풀이 팽팽한 느낌이 들었다. 모퉁거리는 이물감이 느껴지는 것으로 보아 영락없는 다래끼 증상이었다. 대수롭지 않게 여겨 무심했다가 퉁퉁 부은 눈 때문에 약물치료와 안대까지 해야 했던 적도 있었다. 그러나 이제는 나만의 방법으로 초기에 가라앉힐 수 있기 때문에 큰 염려를 하지 않는다.

이번에는 오른쪽 위의 눈꺼풀에 증상이 나타났으므로 나는 왼쪽 발바닥을 오른쪽 무릎 위에 올려놓고는 발바닥 가운데에다 '地平'을 반복해서 썼다. 한 번 쓸 때마다 발바닥에 찌릿함과 간지럼을 느끼면서도 '地平, 地平'을 거듭하며 심오한 주문을 걸듯이 쓰면 된다. 이 동작을 가끔 되풀이하면 어느새 다래끼는 사그라지고 멀쩡해진다.

따지고 보면 이 방법은 나의 비법이라고 할 수 없다. 강원도의 아버님이 살아계실 때 다래끼로 고생하는 나에게 직접 전수해 준 것이다. 맨발을 시아버지 앞에 내미는 것을 부끄러워하는 며느리에게 아버님은 딸의 다래끼를 걱정하듯이 달래면서 손수 나의 발바닥에 글씨를 써 주었다.

부끄럼을 무릅쓴 것에 비해 싱거울 정도로 간단한 방법이었다. 다래끼 증상을 보이는 곳의 반대쪽에 글씨를 쓰면 끝이다. 즉 오른쪽

위(하늘) 눈꺼풀에 다래끼의 증상이 있으면 왼쪽 발바닥에 '地平', 반대로 왼쪽 눈의 아래(땅) 눈꺼풀에 증상이 있으면 오른쪽 발바닥에 '天平'이라고 쓰면 된다.

아버님은 무슨 근거로 다래끼에는 이 방법이 '직빵'이라고 했는지 알 수 없다. 아버님께 '시술'을 받고 나서 다래끼의 증상이 가라앉긴 했지만 앓을 만큼 앓았으니 나은 것이라고 생각했다. 눈썹을 뽑아 돌 사이에 올려놓고 그것을 먼저 차는 사람에게 옮아갈 것이라고 믿는 때도 아니고, 어느 세상인데 그런 방법으로 낫게 하는가 싶어 미심쩍은 처방에 대하여 흘려버렸다. 하지만 별것 아닌 듯해서 흘려버렸던 것이 어느 순간에 되살아나는 경우가 있다.

그 후 다래끼 징후가 보일 때마다 아버님이 떠올랐다. 아버님이 내 발바닥에 써 주었던 것처럼 天平, 地平을 써 본 결과 의외로 효험이 있다는 것을 알았다. 이러한 행위가 의학적 근거가 있는지는 모르겠지만 점차 이 비법의 신봉자가 되어 발바닥이 꺼뭇한 것쯤은 아랑곳하지 않게 되었다.

며칠 전에도 '地平'을 쓰기 시작한 지 이틀 밤을 지내고 나자 내 눈은 말끔해졌다. 이 눈을 또다시 '봐야 할 것들'에 고정시키고 부려먹어야 하는 피할 수 없는 현실이지만 이렇게라도 해서 삶의 비법들에 차츰 눈뜰 수만 있다면 마다않겠다. 그러나 누대에 걸친 슬기조차 시답잖다고 여겼던 나의 근시안은 쉽게 벗겨지지 않을 것 같다.

낮밤을 잊고 사람의 도리를 멀리한 채 어쭙잖게 글줄에서 지혜를 발견해낼 것처럼 살고 있지만 지혜는 얻고자 한다고 해서 생기는 것이 아닌 것 같다. 사람 사이에 생기는 간단한 엉킴조차 푸는 방법을 몰라 헤매기 일쑤다. 다섯 수레가 아니라 그 곱의 책을 읽은들 무슨 소용이 있을까. 낮은 곳에 물이 고이듯 오랜 세월 속에서 자연스럽게 체득된 것이 진정한 앎이 되고 제때에 효험을 발휘하는 것은 아닐까 한다.

누군가를 그리워하면 곁에 있는 것처럼 느낄 수 있다고 했던가. 다래끼로 하여 발바닥에 天平과 地平을 쓰노라면 평소에는 잊고 살던 아버님이 가까이에 살아 계시는 듯 숨결이 느껴진다. 아버님은 이십여 년 전 모습으로 나의 발바닥에 신비한 주술의 힘을 불어넣어 주는 것만 같다. 과로 끝에 찾아오는 불편함을 빌려 쉼표처럼 다가와서는 순간만이라도 나에게 여유를 남겨두려는 것인지도 모른다.

믿음에서 오는 이 의미를 나는 놓쳐서는 안 될 것인데, 또 금세 잊고 미련을 부릴 게 뻔하다. 나의 거르개는 오래도록 한쪽이 닫힌 채 이미 한쪽은 제 기능을 못하는 것은 아닐지 모르겠다. 지금은 天平, 地平을 내 것으로 받아들인 것처럼 언젠가는 막힘없는 통로가 되어야 할 텐데. 내가 나를 알기에 걱정이 된다.

(2016. 1.)

# 바느질

십 년이 다 된 자리옷이 있다. 흰 면 바탕에 주먹만 한 꽃무늬가 몇 가지 색으로 가득 그려져 있는 것이다. 여름용이라 가볍고 얇은 데다 살결에 와 닿는 면이 보드라워서 좋아한다. 추위를 타는 겨울을 빼고는 나머지 계절을 내리 입어서인지 목선과 어깨선이 닳다 못해 해질 지경에 이르렀다.

어느 날 어깨에서 겨드랑이로 이어지는 부분이 맥없이 찢어졌다. 비싼 옷도 아니고 십 년 가까이 입었으니 그리 아까울 것도 없었다. 하지만 버리기엔 아쉬워서 해진 것을 몇 번을 더 입었다. 아무리 생각해도 그러는 내가 궁상스러워 보였다. 평소에 쓰던 물건을 헤프게 버리고 다시 사는 편도 아니지만 자리옷을 새로 장만하는 것조차 아깝게 생각하는 것도 아니었다. 그런데도 사연이 있는 물건처럼 쉽게 버릴 수 없어서 고쳐 입어야겠다고 생각했다.

아침나절부터 천둥이 치고 무더기비가 내리는 일요일이었다. 빗소리를 들으며 밖을 내다보다가 문득 생각이 나서 자리옷을 고치기 시작했다. 우선 해진 정도가 심한 가슴선 위를 잘라냈다. 그러고는 앞섶에 달려있던 리본 끈과 겨드랑이에 덧댄 끈을 똑같은 길이로 잘라내어 적당한 자리에 온박음질했다. 해진 부분을 잘라낸 곳의 양쪽에 어깨끈을 달고 나자 자리옷으로는 손색이 없었다. 입어 보니 모양새도 괜찮았다.

예전에 어머니도 비가 와서 바깥일을 하지 못할 때는 미뤄두었던 가족들의 옷을 고치는 일을 하였다. 침침한 눈으로 바늘귀를 찾아 실을 꿰어 해진 바지의 무릎도 덧대 주고 구멍이 난 양말 뒤축도 메워 주었다. 양철지붕에 내리는 빗소리 때문에 집안은 소란스러웠지만 어머니는 아랑곳하지 않고 바느질에 여념이 없었다. 모처럼 밭일을 쉬는 날에도 일을 해야 하는 것이 고단하였겠지만 바늘땀이 늘어갈수록 가족에 대한 마음도 깊어졌으리라. 곁에서 낮잠을 자다가 반짇고리에 내려놓는 가위 소리를 들으면 안심이 되어 또 깊은 잠에 빠져들곤 했다.

내가 어렸을 때에는 안방에서 가장 눈에 띄는 변변한 물건이 재봉틀이었다. 평소에는 재봉틀 위에 이불을 개켜 올려놓거나 반짇고리를 올려놓았다. 어쩌다가 어머니는 시렁에서 작고 동그란 의자를 내려놓고 앉아 절거덕 절거덕 재봉틀을 돌렸다. 하지만 재봉틀을 써야 하는 것은 일 년 중에 그다지 많지 않았다. 대개는 손바느질감이기도 했고 바쁜 농사철에 한가로이 바느질을 할 새가 없기도 했기 때문이다. 그래서 비 오는 날은 밀린 바느질을 하기에 제격인 날이었다.

바느질을 하고 있는 모습을 보면 마음이 편안해진다. 다소곳해 보이기도 하고 겸손해 보여서 좋다. 손끝에 쥔 바늘과 옷감에 오롯이 집중하고 있는 모습은 경건하기까지 하다. 바느질 중에서도 가장 보기 좋은 것은 해진 것을 깁기 위한 손놀림이 아닐까 한다. 대상에 대한 정성과 진득함이 없다면 하기 어려운 일이기 때문이다. 적은 것으로도 풍요롭게 만드는 게 해진 것을 깁는 바느질이다.

이제는 닳은 양말 뒤축을 꿰매놓는다 해도 신을 아이들이 없다. 그렇기에 구멍이 난 양말은 버리고 성한 양말만 한 짝씩 내 서랍에 가득하다. 예전에 어머니 서랍 속에 짝이 맞지 않는 양말이 많았던 이유를 이제야 알 듯하다. 꿰매 신겨도 또 구멍이 나는 양말을 어쩔 수 없이 버리고 남는 것은 어머니 몫이었던 것이다. 밭일을 나가는 어머니의 발은 언제나 광대처럼 짝짝이 양말로 분장되어져 있곤 했다.

지금은 무엇이든지 넘치는 세상이다. 쓰고도 남을 만큼 넉넉한데도 사람 사이의 정은 점점 말라간다. 많아야 나눌 것 같지만 그렇지 않다. 오히려 모자랐을 때 나누려 했고 서로에 대한 배려도 더 할 줄 알았다. 생활이 풍족해짐으로써 변한 것이 많은데 그중에 바느질도 거의 사라져 가고 있다는 것이다. 넉넉한 마음도 함께 떠나고 있다.

바느질하는 모습이 점점 귀해지는 때라고 해도 바느질 자체가 품고 있는 의미까지 잃어서는 곤란하지 않을까. 사람 사이의 관계에서 방심하다가 바늘에 찔리거나 박음이 엉클어지는 일이 없도록 정성을 쏟는 일은 필요할 듯하다. 조금 느리더라도 혹은 땀이 고르지 못하더라도 한 땀 한 땀 바느질을 하듯이 서로에게 손길이 미치는 풍경이 그립다.

(2010. 9.)

# 충주 작은아버지

우리 남매들에겐 작은아버지가 세 분 있었다. 작은아버지가 사는 곳의 지명을 앞에 붙여 '서울 작은아버지', '충주 작은아버지' 이런 식으로 불렀다. 지금은 부산에 살고 있어서 '부산 작은아버지'가 되었지만 부산으로 가고도 얼마까지는 예전에 익숙한 대로 '충주 작은아버지'라 불리었던 작은아버지. 작은엄마와 더불어 두 분에 대한 기억은 어제의 일인 듯 선명하게 남아 있다.

작은아버지는 눈매가 깊고 콧날이 우뚝한 얼굴에 늘 엷은 미소를 보일 듯 말 듯 짓고 있었다. 어릴 때 우리 집에 있던 앨범에 보면 작은아버지의 흑백 증명사진이 있었는데, 어린 마음에도 보기 드문 미남이라고 생각했었다. 띠동갑인 앳된 작은엄마를 색시로 맞이하는 결혼식 사진에서도 작은아버지는 주인공인 신랑이어서가 아니라 인

물이 훤해서 신랑인 줄 알게 되는 면모를 지녔다.

사람의 마음을 얻는 것은 결코 크거나 거창한 것이 아님은 예전이나 지금이나 다르지 않은 듯하다. 작은아버지는 작은아버지대로 작은엄마는 작은엄마대로 우리의 마음을 슬프지 않게 했다. '기쁘게'가 아닌 '슬프지 아니하게'한 것만 해도 그 시절에는 감사한 일이었다고 여겨진다.

작은아버지가 우리 집에 오는 것은 대체로 제사를 지내기 위해서였다. 멀지 않은 친척인 '영주 할머니'의 양자로 갔는데도 봉제사에 빠지는 법이 없었다. 산속의 '형님 댁'까지 오자면 교통이 좋지 않은 여건임에도 삶의 철칙으로 삼은 듯 어김이 없었다. 제사를 모실 시간인 자정이 넘은 시간까지 작은아버지가 오지 않으면 시간에 엄격한 아버지마저도 "이 사람이 오거든 지내자. 조금만 기다리면 올 것이다."라고 할 정도였다. 작은아버지는 그 믿음을 저버리는 일 없이 늦은 밤에 어둠을 헤치고 나타났다. 그리하여 우리 집의 제사 지내는 시간은 '충주 작은아버지가 오면'이 되었다.

우리 아버지처럼 말씀이 적은 분이라 나는 늘 작은아버지를 어려워했다. 작은아버지가 우리 집에 와도 가까이 가면 혹시나 말을 붙일까 봐 구심점에서 벗어나지 못하는 추처럼 주변을 맴돌았다. 그러다가 어느 날은 건넌방에서 제사상에 올릴 과일을 손질하는 작은아버지 곁으로 슬며시 다가가 앉아 배 껍질을 끊지 않고 벗겨내는 묘기를 지켜보기도 했다. 그때 작은아버지의 표정이 재미난 놀이를 하고 있는 소년 같아 보여서 적이 안심이 되었다.

어렵사리 고등학교 진학을 앞두고 단양보다 대처에 있는 상업학교로 간다고 정한 것이 마침 충주에 있는 학교였다. 작은아버지와 작은엄마는 올망졸망한 다섯 남매를 두고 있었는데도 조카인 나를 받아주었다. 별것이 아닌 것처럼 보이는 일도 당사자에게는 결코 간단한 일이 아닐 수 있다. 어려운 살림에도 내색하지 않고 철없던 조카를 거두어 슬프지 않게 하기 위해 두 분이 기울였을 마음을 헤아려 본다.

작은댁은 목벌리 활석공장을 지나 산골짜기에 있었다. 평소의 작은아버지의 당당한 태도와 충주는 단양과는 다른 큰 도시일 것이라 생각하고 부풀었던 나의 기대는 산산이 부서졌다. 지붕이 낮고 좁은 집에서 많은 사람과 아침저녁을 맞는 것은 소심한 나에게 쉬운 일이 아니었다. 사촌들과 섞어 놓으니 한 살 차이로 줄을 세우게 되는 아이들이 여섯인 셈이었다. 작은아버지 작은엄마는 감내하실 일이 더 늘어났음에도 나를 군식구처럼 대하지 않았다.

나의 고등학교 입학식 날을 생각하면 지금도 작은아버지께 송구한 마음을 금할 길 없다. 딸의 입학식이라고 하여 단양에서 부모님이 올 것은 기대할 수 없었다. 작은아버지는 내 입학식 날 아침에 "이따 학교에 가겠다."라고 하였다. 숫기가 없는 성격 탓에 작은아버지가 입학식에 참석하겠다고 하는 것이 큰 부담이 되었다. 그렇다고 제 생각을 시원히 말하지도 못하고 속을 끓이다가 학교에 갔다.

노천강당에서 입학식이 진행되고 있었다. 작은아버지가 본부석 쪽으로 다가와서는 빼곡히 서 있는 여학생들을 찬찬히 훑어보고 있었다. 순간, 많은 사람들 속에서 작은아버지를 만나 둘이 작은댁까지 돌아갈 것을 생각하자 막막했다. 결국 나는 작은아버지를 피해 혼자서 작은댁으로 돌아왔고, 작은아버지는 조카딸 입학식에 갔다가 조카딸은 만나지 못하고 허망하게 돌아와서는 "자장면이나 한 그릇 사 주려고 했는데 아무리 찾아도 못 찾겠더라."라고 하였다.

작은엄마는 크고 예쁜 눈을 가진 활달한 분이었다. 활석공장에 다닌 덕에 나는 사촌들 틈에 끼여 시내에 있는 학교까지 회사버스로 통학을 할 수 있었다. 가끔은 시내버스를 타고 종점에 내려 작은댁까지 한참을 걸어 다니기도 했다. 그때 보니 길에는 온통 희고 매끄롬한 곱돌이 깔려 있었다. 우리 동네에서는 땅따먹기나 사방치기를 할 때 뽐낼 수 있는 신물에 가까웠던 곱돌이라 처음에 나는 하나 둘 주워 모았다. 그러나 사방 널린 게 곱돌이어서 나중엔 더 이상 줍지 않게 되었고 희끗한 길을 밟고 다니는 것을 예사로 여겼다.

목벌에서 곱돌이 흔했던 것을 당연히 여겼듯이 두 분이 나의 뒤가 되어 주는 것을 나는 어쩌면 당연하다고 여겼을지도 모르겠다. 지나 생각해 보니 작은아버지 작은엄마는 나의 보물 상자에 간직하던 곱돌 같은 분들이었다. 내가 무수한 사람들의 따뜻한 손길을 거쳐 오늘에 이르렀을 테지만 두 분의 흔적은 오래도록 아끼던 곱돌처럼 유독 아른거린다.

남에게 마음의 결을 잘 내주지 못하던 나를 보듬은 두 분을 나는 어느 사이 마음에 모셔 두었던가 보다. 오랫동안 내려놓을 수 없었던 마음속의 무게는 내 안에 있는 두 분의 존재감 때문이었던 것이다. 지워지지 않는 새뜻한 금을 드러내지 않고 나만 알아보게 내 마음에 그어놓았던 것인데, 지금껏 보이지 않던 금이 이제야 보인다.

(2015. 5.)

# 나이

긴 생머리에 앞머리를 가지런히 자르고 나서 어려 보인다는 말을 많이 듣는다. 얼핏 듣기에는 기분 좋은 말이지만 가만히 생각해 보면 그 말이 진심일까 싶다. 물론 머리 모양에 따라 사람의 인상이 달라 보이므로 머리 모양이 중요한 변수이기는 하다. 하지만 머리 하나 바꾸었다고 잔주름이 판판해지고 팔자주름이 사라지는 것은 아닐 테다. 그러니 머리 모양이 달라졌다 해서 어려 보인다고 하는 것은 듣기 좋으라고 하는 말이 분명하다.

스쳐 지나면서 가늠하는 나이는 느낌에 불과하다. 아무리 머리 모양을 바꾸고 주름살을 편다고 해도 생물학적인 나이를 감출 수는 없다. 시간과 돈을 들인 만큼의 효과가 얼마간은 있을 것이다. 그렇지만 그 효과라는 것이 대충 보았을 때만 나타나는 것이라 사람의 제 나이를 느끼기는 어렵다고 할 수 있다.

나이를 먹는 것이 얼굴에만 나타나는 것은 아니다. 몸 전체에 고루 나이의 흔적을 느낄 수 있다. 행동이 굼떠 가고 눈앞에 바짝 들이미는 것은 멀찍이 두고 봐야 보인다. 흰머리가 늘며 시쳇말을 잘 알아듣지 못하고 눈만 끔뻑인다. 그러나 어느 부분보다 얼굴은 나이와 밀접하다. 얼굴을 보고 나이가 들었다고도 하고 젊다고도 한다. 그러므로 머리 모양이 바뀌었다고 나이를 낮춰 보는 것은 새로움이 주는 착시 현상일 게다.

사람이나 생물이 세상에 나서 지낸 햇수를 나타내는 것이 나이다. 나이는 머리 모양과 얼굴보다도 중요한 정보라서 누군가에 대한 정보가 부족할 때 우선 나이를 알고자 한다. 특히 서열을 중시하는 우리 문화에서는 상대에게서 나이를 우선적으로 궁금해 하는 경향이 있다. 누군가를 만나더라도 몇 살인가를 알게 되면 나이에 견주어 말을 놓게도 되고 대접하게도 된다. 즉 인간관계에서도 나이는 보편적인 기준이 되어 작용한다는 것을 알 수 있다.

내가 나이를 의식한 것은 마흔이 넘었을 때였다. 마흔이 주는 의미가 강렬했기 때문이다. 강렬함을 정확히 표현하기는 어렵지만 인생의 반환점에 대한 일종의 책임감 같은 것이었다. 서른아홉 살까지는 다소 서툴더라도 아직 젊어서 그렇겠거니, 아직 뭘 몰라서 그럴 테지와 같은 아량이 허용되었다면 마흔은 자신을 온전히 책임져야 하는 나이라고 생각했다.

마흔에 이르기 직전에 나는 그때까지 유지해 온 평상심을 잠시 잃기도 했다. 그동안은 옳다고 여긴 일과 내키지 않아도 참아야 하는 일을 양 어깨에 얹고 흔들리지 않았다. 딴에는 나잇값을 하기 위해 애를 쓰며 살았던 것이다. 하지만 생각의 깊이가 얕아서 나이에 따른 책임감을 진지하게 생각한 것은 아니었던 것 같다. 결국 당시에는 용기라 생각하고 무모한 행동도 했다. 그러다 마흔이 넘자 자신이 벌인 무모한 행동으로 인해 후회가 되기도 했지만 나이를 생각하며 오기를 가지고 참기로 했던 것이다.

나는 나이가 '나를 이기는 것'이 아닌가 한다. 살아가자면 때때로 자신을 시험하고자 하는 일을 만나게 된다. 그럴 때마다 더해 가는 나이는 자신을 이길 수 있게 힘을 준다. 요동치는 감정도 자기 안에서 한 번 더 삭이는 과정을 통해 걸러서 내보내는 여유가 생기게 된다. 하지만 그러다 보니 마흔 이전의 생기는 다소 줄어든 것 같다. 희로애락을 솔직하게 드러내지 못하고 점점 감정이 무뎌져 모든 것이 덤덤해지는 것 같다.

나에게는 겉으로 얼핏 무덤덤해 보이는 이순이 가까운 '친구'가 둘 있다. 말이 통하고 생각하는 것을 나눌 수 있는 상대를 친구라고 한다면 그 두 분은 분명 나의 친구인 것이다. 그분들과 이야기를 하다 보면 하찮게 느꼈던 세상의 소소한 일도 각각 생명을 가진 것이 된다.

삶 속에서 만나는 모든 것이 새롭고 경탄할 일이며 감사할 일이라는 자세를 보면 덤덤했던 일이 무척 소중해진다. 젊은 친구에게서 느끼지 못하는 푸근함도 내가 이 친구들에게서 얻는 덤이다. 흔치 않는 친구가 되어주는 것에다 덤까지 얻으니 고마운 일이지만 삶에 대하여 서툴 수밖에 없는 애송이는 주눅이 든다. 나도 십여 년 후엔 두 분처럼 삶을 살아갈 수 있을지 염려도 되고 기대도 된다.

두 분도 이순까지 살아오면서 마흔 전의 나나 지금의 나와 같은 시기를 거쳤을 것이다. 그런데도 얼굴에 주름은 잔잔하게 졌을 뿐 어디에도 삶의 상흔이 느껴지지 않는다. 선선하면서도 따가운 가을 볕살에 뭉근히 익어 단맛이 깊은 배 맛과 같다. 숲을 이루는 아름드리나무도 겉으론 든든할 뿐 많은 세월 동안 비바람과 병충해에 시달린 표를 내지 않는 것과 같다고나 할까. 나무도 겨울을 나면서 속으로 자신을 무던히도 다독이며 짙어졌을 것이다. 나무의 나이를 알 수 있는 바퀴 모양의 진한 선은 그래서 더욱 돋보이는 것이리라.

연륜年輪의 의미가 새삼스럽다. 해마다 추위를 참은 만큼 받은 무늬는 자랑스러운 훈장이라고 생각한다. 나이테가 더해질수록 연륜이 쌓인 것이니 연륜은 흔들리지 않는 모습으로 비치는 게 당연하겠다. 삶이 힘들다고 할 게 못 된다. 힘든 만큼 선명한 나이테가 될 것이기 때문이다. 나이를 먹어가는 것과 주름이 느는 것에 마음 두지 말고 작은 것 하나도 소중하게 받아들이며 산다면 어느 순간 속이 그득하게 될 것이다.

(2009. 8.)

# 그리운 손

몸 가운데에 요술을 부리는 것이 있다. 눈을 대신하여 볼 수도 있고 귀를 대신하여 들을 수도 있다. 입을 대신하여 언어가 되기도 하고 다른 감각보다 예민하여 촉각이 되기도 한다. 심지어는 사람의 마음까지도 읽을 수 있는 것이 손이 아닐까 싶다.

눈을 가린 채 여러 사람의 손을 만져보고 자신의 아버지를 찾는 아이들을 본 적이 있다. 신기하게도 아이들은 손을 더듬어 자신의 아버지를 찾았다. 저마다의 비결로 꼽는 아버지 손의 특징을 말하였다. 엄지손가락을 타고 내려오는 손바닥 부분이 동그랗게 튀어나와 있어서 '우리 아빠'라고 말하는 아이는 확신에 차 있었다. 어떤 아이는 손톱 모양을 더듬어서 알기도 하고 손 길이를 대어보고 맞히는 아이도 있었다.

한 아이만 아버지를 알아맞히지 못했는데, 그 아이는 눈가리개를 벗고 아버지 품에 안겨 눈물을 흘렸다. 누군가는 아이가 눈물을 흘리는 것이 아버지에게 미안하기 때문이라고 했지만 나는 다른 생각을 했다. 순간일지라도 아버지와 멀어질 뻔하다가 지금이라도 찾았으니 마음이 놓여 두려움이 안도로 바뀌는 묘한 기분 때문이었을 것이다. 잡은 손을 놓쳤을 때 상실감이 드는 것처럼 그 아이는 잠시나마 불안했을지도 모른다.

중년이면서도 나는 어머니의 손을 싫증이 나도록 만지고 싶다. 만져본 지가 무척 오래되어서 지금 눈을 감고 나의 어머니를 가려내야 한다면 마음은 절실하지만 얼른 가려내지 못할 것 같다. 살아 계시지 않는 어머니 손에 대한 기억이 아득하기만 하다.

언제나 어머니의 손은 성글게 짠 베보자기 같았다. 맨손으로 넓은 콩밭도 매야 하고 옥수숫대를 잘라다 쇠죽도 끓여야 했다. 뽕잎을 따다 누에도 치고 불린 콩을 갈아 두부도 만들어야 했다. 마디가 굵고 굽어 있던 손은 겨울이 되면 더욱 수세미 같았다. 거친 어머니의 손을 잡고 내 뺨에 비벼 보기도 했는데 보드라운 얼굴에 거친 손이 닿으면 따가워서 기겁을 했었다.

그렇지만 어머니의 까칠한 손이 좋을 때도 있었다. 등이 가려울 때 가려운 곳을 슥슥 문질러 주는 어머니의 손은 참 시원했다. 옥수수 알갱이를 떼어낸 후 싸릿가지에 꽂아 등긁개로 쓰던 토새기보다 더 시원해서 좋았다. 모든 어머니의 손은 당연히 그런 줄 알았다. 찬바람에 빨간 실선을 그으며 갈라진 손등에 크림을 발라주면 어머니는 부러울 것이 없다는 표정을 지었다.

고등학교에 다닐 때 나는 사촌 여동생을 데리고 충주에서 얼마간 자취를 했다. 직행버스와 시내버스를 갈아타고 또 걸어야 할 만큼 집이 멀었기 때문이다. 중학교도 단양읍내에 있는 작은오빠 집에서 다녔기 때문에 나는 일찍 어머니와 떨어져 지냈다. 어머니 밑에서 지낸 것이 십 년 남짓뿐이다. 말수가 적어 내색은 하지 않았지만 나는 늘 어머니가 그리웠다. 어머니는 삼 년 만에 딱 한 번 딸을 보러 오셨다.

그날 밤 어머니는 먼길을 온 고단함도 잊은 채 눕지 못했다. 잠든 내 머리맡에 앉아서 나의 손을 쓰다듬고 있었다.

"어린것이 객지에서 공부하느라 고생이 많네."

성근 베보자기가 오랜 세월 속에 닳아 부드럽게 느껴지는 것처럼 어머니의 손도 예전처럼 닿으면 기겁할 정도는 아니었다. 유별난 아버지를 만나 육남매를 낳아 키우며 종갓집 맏며느리로 살아오면서 어머니의 손은 무수한 사연을 간직하였을 것이다. 주름진 거죽만 남은 어머니의 손에는 힘이 없었다. 나도 눈을 감고 자는 척 했지만 잠들 수가 없었다.

세세한 감정을 표현하는 어머니가 아니어서 나는 당신에게 있어 큰 의미 있는 존재가 아닌 줄 알았다. 하지만 어머니의 가장 따뜻한

곳에 항상 나를 품고 있었던 것이다. 시골 살림을 사느라 돌아볼 겨를이 없었을 뿐 나에 대해서도 애틋한 정을 가졌다는 것을 손에 번지는 온기로 어림할 수 있었다.

날이 추워질수록 어머니 손의 감촉을 떠올리려고 애쓰지만 그때의 느낌은 살아나지 않는다. 내가 어머니의 손을 만졌던 것이 아니라 어머니가 나의 손을 만졌기 때문일까. 손은 마음을 열고 다가서는 사람에게만 살아 있는 감각이 되는 것 같다. 상대에 대해 마음을 쓰는 정도에 따라 건조한 움직임이 되기도 하고 애틋함과 정감이 넘치는 따뜻한 움직임이 되기도 한다. 손은 사람이기도 하고 사람의 역사이기도 하다.

아직도 어머니가 잠드는 나의 손을 만지작거릴 때의 평온함이 그립다. 거칠지만 따뜻했던 어머니의 손은 이제 그리움의 대상이 되었다. 꿈에서라도 나의 부은 손을 만지작거리며 "사느라 고생이 많네."라고 위로해 주기를 갈망한다. 그런 순간이 온다면 나는 어머니의 손을 만지고 또 만지면서 그 느낌을 오래 기억하리라.

(2009. 11.)

# 사랑의 방식

사랑이 초콜릿의 대명사인 것처럼 "사랑하는 사람에게 사랑을 전하세요."라며 도배를 한 어느 날에 똑같게 포장된 '사랑'을 가방에서 쏟아놓으며 한 아이가 말했다.

"하나 드릴까요?"

그 옆의 아이도 자신이 갖고 있는 것 중에 하나를 주겠다고 했다. 다른 아이도 하나를 건넸다. 그렇게 해서 짧은 시간에 '사랑'이 내 손에 그득하게 되었다.

아이들은 하루 동안 자신이 받은 초콜릿이 몇 개며 누구누구에게 주었노라고 법석이다. 받은 초콜릿의 수는 인기를 가르는 척도인 것 같았는데 아이들 모두 인기가 많아 보였다. 특별한 사람에게 특별한 감정의 표현으로 초콜릿을 건네는 줄 알았지만 요즘은 그것도 아니었다. 자신이 사서 죽 돌리고 남이 주는 것을 다투어 받은 초콜릿이 아이들에게는 어떤 의미일까 궁금해졌다.

편의점과 선물가게에 소도록하게 쌓인 '사랑'을 보면 세상의 모자란 사랑이 이곳에 다 모인 것 같다. 많은 것들이 흔한 세상이라지만 '사랑'이 너무 흔하다. 의미니 상술이니 하면서 아이들에게 한마디를 해주고 싶어도 들뜬 분위기에 찬물을 끼얹는 것 같아 그만두었다. 이미 손 안에 들어와 있는 사랑을 새삼 다시 돌려주기도 쉽지는 않았다.

모양이 각각인 초콜릿 중에 하나를 입안에 넣자 들큼하면서도 씁싸래하다. 침을 삼키면서 오래전에 받았던 선물이 생각났다. 무뚝뚝하고 통이 큰 남자는 작지 않은 상자 가득 초콜릿을 전해주었다. 덤덤히 준 것은 아니었을 것이다. 그렇다면 준 사람의 마음이 느껴져야 하는데 마음을 헤아려보기보다 '이 많은 것을 언제 다 먹지.' 하는 생각뿐이었다. 이렇듯 나에게 있어 초콜릿의 의미는 크지 않았다. 초콜릿을 의미 없이 돌리고 받는 지금의 아이들이나 많은 것을 먹어치워야만 하는 대상으로 생각했던 나는 준 사람의 마음을 읽지 못한 것에는 별 차이가 없어 보인다.

그랬던 초콜릿이었는데 딸아이가 늦은 시간까지 공부를 하게 되면서 사정이 달라졌다. 유난히 공복감을 자주 느끼는 아이였다. 먹고 돌아서면 배고프다는 말을 입에 달고 살았다. 그런 아이를 위해 생각해 낸 것이 초콜릿을 비상식으로 챙겨주자는 것이었다. 먹성이 좋은 작은아이 때문에 '사랑'을 집안에 숨겨두고는 딸아이가 집을 나설 때 네댓 개씩 주머니에 넣어주었다.

다양한 포장지만큼이나 순도를 달리한 초콜릿이 제각각 맛을 품고 있었던가 보다. 아이는 포장지만 보고도 맛을 꿰고 있었다. 다크 초콜릿을 베어 물다가 너무나 강한 쓴맛에 놀랐다고 했다. 어떤 것은 입에서 살살 녹아 삼키는 것이 아깝더라고 했다. 쓴지 단지 일일이 먹어보지 않고는 알 길이 없는 맛. 인생도 살아보지 않고는 장담할 수 없는 맛일 것이다. 부모라고 해도 미리 맛을 보고 단것만 입에 넣어 줄 수 없음을 이 아이도 차츰 알아가게 되리라.

'사랑'의 생김새나 맛이 다르듯이 우리네 사랑의 방식도 다르다. 의미 없이 주고받는 것 같아도 아이들의 나눔은 그들 나름의 표현일 수 있겠다. 여인을 향한 사랑의 감정을 살갑게 표현하지 못하고 왕창 안겨주는 것도 남정네 나름의 표현이었을 것이다.

사랑이든 초콜릿이든 말을 하지 않아도 건네주는 손을 통해 주는 사람의 마음이 전해진다면 좋겠다. 아이의 입안에서 녹은 초콜릿이 몸 곳곳을 돌아 힘을 얻기를 바라는 것이 엄마의 마음이듯이 말이다. 몸이 깜빡깜빡하면서 힘의 잔량을 표시해 올 때 즉각 '엄마표 전지'로 충전하여 앞으로 남은 힘든 고비를 잘 견뎌낼 수 있기를 바란다.

흔히 사랑에 중독된다는 말을 쓰곤 하는데, 실제로 사랑이 코카인 등 마약과 같은 영향을 뇌에 미친다는 연구 결과가 나와 증명되었다고 한다. 사랑에 빠진 사람들의 원기가 증대되는 것도 도파민이 넘쳐 흐르기 때문이라는 것이다. 나의 '사랑'에 아이가 배고픔을 잊고 언제까지나 지치지 않는 힘을 지니는 상태로 중독되기를 소망한다. 이것이 아이를 향한 나의 사랑 방식이다.

아이는 새 교복을 고를 때 맵시에 신경을 쓰더니 이제는 '사랑'으로 양 주머니가 불룩해져도 태평스럽다. 사랑에 중독된 자의 여유로다.

(2007. 3.)

# 5부

# 마루

마루에 대한 추억과 긍정적인 쓰임새의 영향인지 옛집의 마루를 닮은 들마루를 거실 한쪽에 들여놓고 싶다. 걸터앉으면 솔내음과 도랑물 소리가 내 코와 귀를 즐겁게 할 것 같고, 찻상을 두고 차를 마시면 식구들의 두런거리는 소리가 들려올 것 같은 마루. 낮잠이라도 자고 난다면 처마 끝으로 맑은 하늘과 앞산이 보일 것 같아서 생각만 해도 흐뭇하다.

# 마루

며칠째 비가 오락가락하여 집안이 눅눅하다. 어느 때는 빗줄기가 억수 같다가 어느 때는 해까지 들어 그친 것 같아서 보면 또 퍼부어댔다. 그나마 내가 사는 천상에는 피해를 줄 만큼은 아니었지만 올 유월에도 장마는 일부 지역에 많은 피해를 입히며 훑고 지나갔다. 비가 잠깐 그치고 볕이 들자 집안의 젖은 공기를 몰아내려고 양쪽 문을 열어두었다.

장마철에 집안의 쾌적함을 위해 보일러와 에어컨을 잠시 켜 두기도 하지만 뭐니 해도 이럴 땐 자연 바람에 잘 마른 마룻바닥이 그립다. 물론 마루 무늬의 바닥재로 느낌을 살리긴 하지만 나무판자를 촘촘히 깐 옛집의 마루와 비교할 수 없다.

마루는 우리 고유의 온돌문화 덕분에 생겨나지 않았을까 싶다. 구들장 위에 흙을 발라 데울 수 있는 온돌방이 있다면 마루는 체온을 적절히 조절해 주는 역할을 하였을 것이다. 어찌 보면 추위를 견디는 일보다 더위를 피하는 일이 더 중요했을 수 있다. 추운 지방보다는 더운 남쪽 지방에서 마루가 더욱 발달했던 것도 그런 까닭이겠다. 눅눅한 습기를 피할 수 있고 통풍이 잘되는 마루 문화는 조상에게 받은 귀한 유산이다.

마루는 보통 서민들의 집에서 볼 수 있는 공간이라는 점에서 더 푸근하게 다가온다. 상류 가옥에서 볼 수 있는 권위적인 대청보다 기능적인 면이 더 두드러진 생활공간이라 할 수 있다. 방으로 쉽게 드나들 수 있도록 간단하게 붙여놓는 쪽마루가 촐랑대는 막내와 같다면 마루는 듬직한 맏이와 같은 느낌을 준다. 또한 양반가의 사랑채 한쪽에 자리하여 학문과 휴식을 겸하던 누마루가 근엄한 아버지와 같다면 마루는 식구를 두루 품는 곳에 위치하며 생채기와 투정도 다 받아주는 어머니 같다.

우리의 시골집들이 대개 방마다 아궁이가 따로 있듯이 우리 집도 방이 네 개여서 아궁이가 네 군데 있는 집이었다. 안방과 윗방 앞에는 반질한 마루가 봉당 위에 맞춤하게 있었는데, 나는 서너 평 되는 마루에서 지내는 것을 무척 좋아했다. 비닐장판을 깐 방바닥과 달리 사람의 체온을 은근하게 간직하여 온도가 적당했기 때문이었다. 그 밖에도 마루에 뺨을 대고 엎드려 있으면 사람 냄새가 배어 있는 오래된 나무의 느낌이 싫지 않았다.

특히 여름밤에 언니를 꾀어 마루에서 자는 것을 좋아했다. 처마 안쪽에다 얇은 이불을 발처럼 치고 마루 끝을 언니가 든든하게 막아주면 마루 안쪽은 아늑한 내 잠자리가 되었다. 무서움을 많이 타서 잠을 잘 때는 항상 언니나 엄마가 마루 끝에 눕는 것을 확인하고서야 잠이 들었다. 마루에서 눈을 뜨는 날은 말로 나타낼 수 없는 기분으로 가슴이 들떠서 두근거리곤 했다.

그뿐인가. 마루는 다양한 삶을 꾸리는 장소였다. 그중의 하나로 한겨울을 빼고 가족들이 둘러앉아 밥을 먹던 곳이다. 두리반을 가득 채운 가족들의 수저 소리를 들으면 식구들이 한 울타리 안에 있는 것 같아서 든든했다. 아버지의 권계와 어머니의 자잘한 걱정이 자녀들의 숟가락에 올려져서 피와 살이 되는 순간이기도 했다. 마당가에 흐르는 도랑물 소리를 들으며 앞산에서 건너오는 솔내음을 맡으며 밥을 먹을 수 있었던 것도 마루 덕분이었다.

또한 마루는 만만하여 편안한 마음으로 머물고 싶게 하는 공간이다. 마당 앞을 지나는 사람들이 오며가며 들어와 걸터앉을 수 있는 곳이기도 하다. 담을 따로 두르지 않고 살던 마을에서의 마루는 누가 앉아 있기라도 하여 말을 건네면 그것이 요즘의 초인종이요, 인터폰이었다. 안에 누가 있는지 들어가도 되는지 굳이 확인하거나 묻지 않고도 자연스럽게 이웃집에 갈 수 있었던 장치였다. 아파트의 거실이 예전의 마루와 같은 역할을 하나 그 멋과 쓰임새를 따라가지 못한다.

마루는 집안에서뿐만 아니라 밖에서도 사람들을 이어주는 다리가 되었다. 그늘이 넓은 나무 아래에 놓인 널평상은 이웃들이 모이는 곳이기도 했고 어르신들의 쉼터이기도 했다. 무더운 날의 한낮에 모시항라를 잘 차려 입은 노인들은 설렁설렁 부채질을 하며 농사일과 도시에 사는 자식들의 이야기를 하며 더위가 물러가기를 기다리곤 했다.

마루에 대한 추억과 긍정적인 쓰임새의 영향인지 옛집의 마루를 닮은 들마루를 거실 한쪽에 들여놓고 싶다. 걸터앉으면 솔내음과 도랑물 소리가 내 코와 귀를 즐겁게 할 것 같고, 찻상을 두고 차를 마시면 식구들의 두런거리는 소리가 들려올 것 같은 마루. 낮잠이라도 자고 난다면 처마 끝으로 맑은 하늘과 앞산이 보일 것 같아서 생각만 해도 흐뭇하다.

(2011. 7.)

# 정초 풍경

이번 설에는 아이들이 할머니 댁에 가지 않게 되어서 함께 지냈다. 설 연휴가 주말과 겹쳐 짧기도 하였고, 손주들을 거느린 형제들이 각자 설을 쇠겠다고 하였기 때문이다. 올해에 작은아이까지 대학생이 된다. 서울에서 대학을 다니는 딸은 설 연휴 전날에 있었던 제 동생 졸업식에 맞춰 내려왔다. 장성한 아이들이 채운 집안은 그득하다.

아들은 오랜만에 만난 아빠와 연휴 내내 테니스장에서 살았다. 두 사람은 라켓과 가방, 신발과 모자 등을 온 집안에 늘어놓고는 낮 동안 함께했던 시간을 떠올리며 몹시 들떠 있었다. 딸과 나는 함께 장을 보아 놓고 목욕을 하러 갔다. 동네에 새로 생긴 목욕탕은 설을 맞아 북새통이었다. 장터 같은 곳에서 우리는 서로의 등을 밀어주었다. 나는 딸의 발을 무릎에 올려놓고 꼼꼼히 닦아주었다.

차례상을 올리지 않는 우리만의 설 나기의 핵심은 '자유로움'이다. 음식도 우리가 먹고 싶은 것 한두 가지만 준비하면 된다. 그것도 시간에 매일 필요가 없다. 먹고 싶을 때 여유롭게 만들면 된다. 아이들은 고구마튀김과 동태전을 좋아한다. 뼈를 고아 설날 아침에 떡국을 끓여 먹은 것 말고는 설이라고 하여 특별히 더 준비하는 것 없이 평소와 다름없는 상차림이면 된다.

연휴에도 일거리를 싸들고 내려온 딸은 편히 쉬지도 못하는 눈치다. 그렇지만 살림을 도통 모르니 기회가 있을 때마다 하나씩 익히게 하면 좋겠다는 생각으로 불러냈다. 주방 바닥에 신문지를 넓게 깔고는 튀김과 전을 만들 준비를 했다.

"나는 동태전을 지질 터이니 너는 고구마를 썰도록 하여라!"

석봉 어머니의 말투를 흉내 내며 밑간을 한 동태에 옷을 입히는 동안 손끝이 덜 여문 딸은 주먹만 한 고구마를 감당하지 못해 들쭉날쭉 도마에 칼질 소리만 요란하다. 금방 지진 동태전을 야금야금 먹어대는 딸과 소꿉놀이를 하는 것 같다. 그러느라 작은 채반을 채우는 데도 시간이 제법 걸렸다.

섣달 그믐날 개밥 퍼주듯 한다는 말이 있다. 섣달 그믐날은 먹을 것이 넉넉해서 개에게도 인심을 쓰듯이 남에게도 후하게 된다는 말이다. 그러나 요즘은 이웃끼리 음식을 돌릴 일이 거의 없다. 옆집에 살아도 얼굴을 보기 힘들다. 세상이 팍팍하다고 하지만 강릉의 사천 한

과가 넉넉히 들어온 참에 여기저기 퍼주니 마음이 풍성해진다.

아이들이 어릴 때에는 한복을 곱게 차려 입힌 후 세배를 하는 모습을 지켜보는 재미도 괜찮았다. 그렇지만 이즘의 설은 그런 낙도 없다. 다만 우리 집은 여느 집과 다르게 아이들이 선물을 하나씩 준비한다. 정월 초이틀이 나의 생일이기 때문이다.

어머니가 살아계실 때에는 정초부터 정성스러운 생일상을 받곤 했다. 어머니는 종갓집의 맏며느리로 설 준비와 손님맞이로 바쁜 중에도 초하룻날부터 미역을 담가두었다. 대목장에서 간고등어도 미리 사다 빈 항아리에 잘 넣어두었다. 참기름을 발라 김도 바싹 구워두었다.

"귀빠진 날이 이리도 방정맞을까."

정월 초이튿날에 생일인 것을 이렇듯 놀리면서도 어른 밥그릇보다 큰 주발에 하얀 쌀밥을 고봉으로 담아 챙겨 주곤 하였다. 생일을 떠올리면 미역국과 화로에 구운 간고등어, 고소하고 짭짜름한 김과 쌀밥이 입맛을 다시게 한다.

어찌하다 보니 올해는 생일도 잊고 있었다. 숙녀가 된 딸아이는 향을 일일이 맡아보며 엄마에게 어울릴 만한 향수를 골랐다고 한다. 용돈의 규모를 생각해 보건대 이 정도의 지출을 하려면 마음먹고 고른 듯하다. 아들은 방학 동안 과외를 하여 용돈을 벌더니 통이 커졌다.

"엄마가 갖고 싶은 거 말해 봐."

덩치는 큰 녀석이 여전히 반말이다. 그래도 밉지 않은 말에 만감이

엇갈린다. 내가 갖고 싶은 것이 무엇이었던가. 언제부터인가 갖고 싶은 것이 점점 적어지고 있다. 손에 만질 수 있는 것보다 마음으로 느낄 수 있는 것에 더 끌린다. 그러나 아들의 성의를 봐서라도 작은 경대를 고르기로 했다.

간만에 식구가 모이게 되자 많지도 않은 사람의 먹는 일도 끊이지 않는다. 먹고 돌아서면 또 먹을 것을 찾는다. 엉덩이를 붙이고 앉을 사이도 없이 수선스럽다. 밤이 되어서야 한쪽에 세워진 사진액자가 눈에 들어온다. 기억마저 어렴풋해지려고 하는 과거에서 백일과 돌을 맞은 아이들이 웃고 있다. 순탄치 못한 가정사로 인해 옛집의 벽장 속에 있던 것을 이번에 갖고 온 것이다.

잃어버렸던 시간들을 다시 찾듯 쌓인 먼지를 닦았다. 아이들은 처음보다 더 맑게 웃는다. 아들은 자신의 백일 사진을 성장한 지금에 보고는 아주 흡족해 한다. 내가 봐도 백일된 아기의 미소가 부처님을 닮았다. 벽에 액자들을 나란히 기대어 놓고는 시간 가는 줄 모른다.

우리의 설은 저물고 있다. 눈길을 걸어가 언 구덩이에서 노란 싹이 난 무를 꺼내는 수고도 없었다. 맷돌을 힘겹게 돌려 두부를 만들지도 않았다. 힘들여 설을 준비했던 어린 시절의 설과 달리 특별한 것은 없다. 시대를 따라 설의 풍경도 변하고 있다. 훗날 우리는 소소했던 이번 설을 각별히 떠올릴지도 모른다.

(2013. 2.)

# 도깨비에게 홀리다

쉬지 않고 기계처럼 일을 하던 시절이 있었다. 그때는 다들 그렇게 사는 것이 당연하다고 여기며 큰 불평이 없었다. 먹고살 만하니 사람들은 쉬어 가면서 일을 해야 한다는 것에 눈뜨기 시작했다. 요새는 여름 한철의 휴가를 갖지 않는 것이 더 낯설다. 어느 명상센터에서는 현대인의 숨가쁜 일상에 경종을 울리며 식사 도중에도 징소리가 울리면 손을 멈추고 '잠시 멈춤'을 실천하기까지 한다고 한다. 잠시 쉬어 가는 것은 큰 즐거움이자 몸과 마음의 고갈된 힘을 얻는 시간이기도 하다.

나의 휴가는 늘 별다를 게 없다. 예년이나 올해나 마찬가지로 그저 '공식적인 일'만 하지 않는 거다. 평소의 노동에서 잠시 벗어나 긴장을 내려놓은 상태로 몸과 마음의 흐름을 관조하는 시간인 것이다. 하지만 그간 밀렸던 일을 하느라 열흘이 가까운 휴가기간을 다 보내고 하루가 남았을 때는 아쉬움과 허탈감이 함께 몰려왔다.

소침해 있을 때 윗마을에서 놀러 오라는 기별이 왔다. 외딴 윗마을에 사는 도깨비 같은 이웃이다. 어느 해는 애써 가꾼 매실을 바깥어른이 살그머니 문 앞에 두고 갔다. 그 후로도 먹을 것이 있으면 안양반께서 몰래 전해 주고 가곤 해서 나는 그 부부를 도깨비를 닮았다고 했다.

≪켄즈케 왕국≫에 나오는 켄즈케는 전쟁 중에 타고 있던 배가 폭격당해 난파되어 무인도에 혼자 살게 된 일본 의사다. 어느 날 바다에 빠진 소년이 나타나자 바위 위에 물과 나무 열매 등을 몰래 놓아둔다. 어느 때는 윗마을의 부부가 켄즈케 같기도 하다.

특히 안양반의 사람의 마음을 끄는 재주가 남달라서 나는 곧잘 홀린다. 멀쩡한 정신을 가지고 있다가도 몇 마디를 주고받다 보면 어느새 동조를 하고 있는 나를 발견한다. 느릿느릿한 말투가 감질나게 하는데도 한 음절 한 음절 듣고 있자면 삭힌 홍어 맛이 난다. 그 맛에 이끌려 어스름에 밤마을을 갔다.

마실이라고는 하나 몇십 리 길이다. 산길을 여러 굽이 돌아 오르다가 무거워진 구름이 산자락에 걸려 있는 것을 보았다. 곧 소낙비가 내렸다. 윗마을이 가까워 오자 그런 모습이 곳곳에 펼쳐졌다. 삼실 같은 비는 흉내 낼 수 없는 솜씨로 이 산 저 산을 오락가락하며 연주를 하고 있었다.

윗동네는 해발 600미터의 높은 산자락에 있다. 마을을 감싸 안은 봉우리에 먹구름이 걸리기만 하면 비가 온다. 하루에도 몇 차례 빨래를 내어 널었다 들였다 하면 박수를 치듯 오는 비가 징그럽기도 할 만한데 윗마을 사람들은 함께 어우러져 숨바꼭질 놀이를 하듯 했다. 눅눅한 빨래처럼 되어 집으로 드나들기를 반복하면서도 비안개가 잠시 걷히고 청량한 바람을 쐬고 나면 콧노래를 부르며 풀을 베기 시작한다. 여간한 비가 아니고는 비 맞는 것도 겁내지 않았다. 비도 자연의 일부고 사람도 자연의 일부로서 함께하는 것을 자연스럽다고 여기는 태도다.

밤이 깊어져 윗마을이 통째로 거대한 산의 입안에 들어간 것처럼 컴컴해지자 작은 소리마저 삼킨 듯이 조용하다. 이때는 어떠한 소리든 나기만 하면 울림상자에서 나는 소리가 된다. 골을 타고 개구리 울음이 와글와글 올라왔다. 이 소리를 들으면서 안양반은 뾰족이 나오던 자목련의 자태를 이야기하며 또 나를 홀린다. 새벽까지 헌책 냄새를 맡으며 풀벌레 소리를 듣느라 잠을 이루지 못했다.

자연을 닮은 윗마을 사람들 속에서 하룻밤을 보내고 나니 나에게도 나무물이 들었나 보다. 꾹 짜면 푸릇한 물이 나올 것 같은 아침을 맞았다. 여섯 시에 일어나 부지런을 떤다고 흉내를 내어 보았지만 어설프기 이를 데 없다. 집의 문들은 다 열려 있고 도깨비 부부의 자취가 보이지 않았다. 새벽부터 남새밭의 풀을 뽑거나 갖가지 꽃의 향기에 취해 있을 것이므로 방해하지 않고 몰래 언덕 위의 집을 벗어나는 것이 딴에는 어설픈 티를 벗는 일 같았다.

그렇지만 여러 가지에 서툴러 몇 발자국을 못 가 도깨비 부부의 손에 잡히고 말았다. 사과나무를 돌보다가 시동 소리를 듣고 놀란 바깥양반께서 자갈길 위의 차보다 더 빠른 속도로 달려오는 바람에 어쩔 도리가 없었다. 도깨비 부부는 갓 딴 오이와 고추, 도깨비 방망이만 한 가지를 한 보따리 안기고서야 나를 놓아주었다.

나는 쉬는 마지막 날에 분명 윗마을의 도깨비에게 홀린 것이 맞다. 맑은 바람을 머금으며 자란 자줏빛 방망이가 뚝딱! 하고 요술을 부린게 틀림없다. 돌아오는 내내 보따리에서는 풋풋함이 넘쳤고 따스함으로 데워진 가슴은 울렁거렸다.

(2011. 8.)

# 숙맥

나는 사람을 대할 때 상대도 '내 맘과 같을 것'이라고 생각하는 면이 있다. 에둘러 말하지 못하고 속을 훤히 드러내는 직접 화법을 사용하다 보면 품은 마음 없이 남들로부터 오해를 사거나 본의 아니게 가끔은 상대를 언짢게 만들기도 한다. 물론 다른 사람들도 남을 대할 때 자신을 기준으로 하여 남도 나와 같을 것이라고 여길 것이다. 그러다 보면 남이 나와 같지 않다고 섭섭하거나 실망감을 갖게 된다.

얼마 전에 나는 섭섭함과 실망감을 넘어 화가 나는 일을 당했다. 내가 일하고 있는 곳에 가끔 발신 불명의 전화가 온다. 발신번호 대신에 '---P---' 가 뜨는 전화여서 이상했지만 혹시나 중요한 전화일 수도 있겠다 싶어 수화기를 들면 끊기곤 했다. 그러다가 어느 날은 그쪽에서 전화를 받았는데 '우체국이다, 등기우편이 도착했는데 부재중이라

우체국에 반송되었으니 상담원을 연결해 주겠다.'는 자동안내 목소리가 나왔다.

등기우편물이 있거나 소포 배달이 있으면 집배원이 사전에 전화를 걸어온다는 사실을 어느 순간에 나는 잊어버렸다. 그러고는 바쁘다 보니 내가 없을 때 집배원이 다녀갔나 보다 했다. 등기우편이라면 중요한 것일 텐데 반송이 되어 우체국에 있다면 어떤 우편물인지 확인을 해서 받아야 할 것 같았다.

상담원이 연결된 후 반송된 우편물이 무엇이냐고 물었다. 우체국에서 카드를 발급받았는데 부재중이라 반송되었다는 것이다. 우체국 카드를 발급받은 일이 없다고 했다. 그럼 누군가 나의 정보를 유출해서 카드를 발급받았을 가능성이 많단다. 유출된 정보를 가지고 또 다른 누군가 카드를 만들어 사용할지도 모르니 사전에 안전보호조치를 해야 한다고 했다.

해당 업무를 담당하는 금융감독원으로 연결해 주겠다고 했다. 어눌했지만 친절한 금융감독원의 상담원은 지금 당장 은행창구에 가서 자신의 지시에 따라야만 내가 거래 중인 금융 관련 자산을 보호받을 수 있다고 했다. 나는 업무 중에 전화를 받아서 당장 움직이기 곤란하다고 했다. 그러고는 속으로 왜 하필 나한테 이런 일이 생겨서 나를 귀찮게 하고 애타게 하는지 야속했다. 어쨌거나 지금은 업무보다도 나의 자산을 지켜야 하는 긴급 상황이 발생했으니 다른 생각을 할 겨를

이 없었다.

동료에게 업무를 잠시 부탁하고는 은행으로 가기 위해 문을 나서기 전에 나의 자산을 보호해 주기 위해 애를 쓰는 상담원에게 결례를 범할지라도 용기를 내어 말했다.

"당신들, 혹시 나한테 사기 치는 것 아니에요?"

그랬더니 '국민을 위하는' 우리를 안 믿으면 누구를 믿느냐, 안 믿으면 당신의 정보가 유출이 되어 어떤 손해를 보더라도 책임 못 진다, 알아서 하라는 식이다. 그래, 국민을 위해 열정적으로 애쓰는 경찰청 직원과 금융감독원 직원을 못 믿으면 누굴 믿으랴,라는 순진한 생각이 들어 은행으로 갔다.

현금입출금기 앞에 선 나는 열정적이다 못해 격정적인 상담원의 지시에 따라 스크린 위에서 손가락을 자동으로 옮겼다. 긴박감이 감도는 첩보영화의 한 장면 같았다. 당할지도 모르는 손해를 막아야 한다는 것 외에 아무것도 생각할 수 없었다. 무선으로 조정되는 헬리콥터처럼 반사적으로 움직였다. 그런데 지시하는 내용이 의심스러운 부분에서 내 손가락은 기기의 고장으로 헬리콥터가 말을 듣지 않는 것처럼 움직이지 않았다. 머뭇거리는 바람에 카드를 기계가 삼켜버렸다. 그제야 온몸에 소름이 끼쳤다. 판단력을 잃었던 나는 그저 머릿속이 멍했다. 몸이 엄동설한에 오랫동안 서 있던 사람처럼 떨리기 시작했다.

우선 전화를 말없이 끊고 은행 자동 창구 벽에 붙은 경비업체에 전화를 걸었다. 사정 이야기를 하고 카드를 꺼내 달라고 부탁을 했다. 경비업체 직원이 도착할 때까지 몇 분이 걸렸는데, 그 사이에 자신의 일에 최선을 다하는 금융감독원 직원은 연신 전화를 걸어왔다. 마지막까지 자신이 맡은 일에 책임을 지는 모습이 무척 인상적이었다. 경비업체 직원이 카드를 꺼내주었는데도 나는 카드에서 돈이 몽땅 빠져나갔을지도 모른다는 공포에 휩싸였다. 불안하고 경황이 없어서 얼굴이 샛노래졌다.

은행에서 1분도 걸리지 않는 일터에 돌아온 나는 한동안 아무것도 할 수 없었다. 다만 20분 가까이 모노드라마에 출연한 배우가 된 것 같아 허망스러웠다. 지능적으로 짜인 대본대로 대사를 읊조렸을 뿐이다. 그런데 우주에라도 막 다녀온 사람마냥 내가 있는 곳이 낯설어서 주위를 두리번거렸다. 카메오가 되어준 친절한 우체국 직원, 경찰청 형사님, 금융감독원 상담원의 목소리가 다시 생생하게 들려왔다. 실성한 듯이 반쯤 넋을 놓고 가소로운 대사를 되감고 앉아 있자니 씁쓰름한 헛웃음이 자꾸만 나왔다.

며칠 동안 밥맛을 잃고 의기가 사그라졌다. 남들은 나를 모도리 같다고 했다. 학생일 때는 공부를 좀 했고, 어른이 되어서는 알량한 지식을 바탕으로 남들만큼은 세상을 살아간다고 보았기 때문일 것이다. 은연중에 나도 내가 남보다 나은 줄 알았다. 낫진 않더라도 모자라지는 않은 줄 알았다. 그런데 어수룩한 표적이 되고 나니 나는 내가 '많이 모자라는 사람'이라는 것을 알았다.

벌건 대낮에 남의 등을 치고 간을 내 먹고사는 무리가 활개를 치는데 '국민을 위하는' 경찰님들은 뭣들 하시는지 복장이 터질 지경이다. 하지만 누구를 탓할 수가 없다. 남들도 내 마음과 같을 것이라고 철석같이 믿고는 남들은 다 알고 있는 수법에 걸려 든 내가 숙맥이다.

세상은 변화와 진화를 거듭하고 있다. 하지만 숙맥은 그 속도를 따라가지 못해 허덕댄다. 남들이 비웃는다 해도 지금까지 살아온 익숙한 방식으로 나의 길을 가는 수밖에 없어 보인다. 어딘가에는 내 마음과 같은 사람이 살고 있을지도 모르니까.

(2009. 7.)

# 엄마의 몸

내리려면 시원하게 한번 쏟아지든지 시답잖은 비가 길게 추적대었다. 어서 해가 들어 세상의 척척한 것을 널어 말렸으면 싶었다. 한 평 한 평 구름은 걷히고 갓 씻고 나온 하늘은 그간 미뤄두었던 일을 한꺼번에 해치우려는 양 땅의 열기는 대단하다. 창을 열어 두고 가만히 있어도 해질녘이면 온몸이 끈적거렸다.

헤집고 다니다 돌아온 아이의 더운 손이 나의 겨드랑이께로 들어왔다. 씻고 돌아서 얼마 지나지 않아 금세 몸은 땀이 차 있었다. 아이는 끈적임이 손끝에 닿자 재빨리 손을 꺼내 코끝에 대는 시늉을 하며 "아유, 엄마 암내 지독해."라고 한다. 그러면서도 싫지는 않은지 맨살인 나의 허벅지와 종아리를 연신 더듬는다. 손이 뜨거웠다. "아이, 덥다. 그만 더듬어라." 하면서 밀쳐내었더니 아이는 금세 병어의 입과

가자미의 눈을 해 가지고 서운해 한다.

내가 이 아이들만 할 때 엄마의 출렁대는 뱃살의 보드라운 감촉을 안 것도 오늘처럼 무더운 여름이었다. 살을 맞대는 것은 더운 여름보다 오히려 따뜻함이 그리운 겨울이 나을 법도 한데 겨울에 엄마의 속살을 만져본 기억은 거의 없는 것 같다. 있었기는 했겠지만 차가운 손을 녹이려고 불쑥 들이밀면 엄마는 그 차가움에 놀랐을 테고 엄마를 차갑게 한 것이 무안해서 나는 얼른 손을 빼내었던 것은 아닐까 생각한다. 그렇다고 덥고 추운 계절을 뺀 나머지 봄과 가을에 엄마의 살을 더듬은 기억은 더욱 없다. 날이 더울수록 노출은 심해지고 드러난 살을 보면 만지고 싶은 것은 나만의 생각일까. 덥더라도 살을 맞대고 감촉을 느끼기에 만만한 계절이 여름이리라.

칠팔월 한낮의 볕에 접다 만 우산처럼 호박잎이 축 처져 있을 때면 날뛰던 아이들도 지쳐 하나 둘 집으로 돌아갔다. 극성스럽게 울던 매미도 잠잠해지고 낮고 뜨거운 하늘이 금방이라도 풀썩 내려앉을 것 같은 답답함이 팽창하면 나도 늘어져 집으로 갔다.

짚을 섞어 바른 흙벽으로 된 바깥채 문이 열려 있었다. 반대편의 작은 창도 열어두고 엄마는 달게 낮잠을 자고 있는 중이었다. 여름에는 이른 아침과 해거름에 밭일을 하고 한낮으로는 자는 일로써 그 고단함을 덜었기 때문에 엄마에게 낮잠은 피로회복제와 같은 것이다. 온몸에 발갛게 난 땀띠를 식히려고 맨바닥에 누워 잠든 엄마는 곤하여 코까지 골았다. 그런 엄마를 제 무료함만 생각하고 파고들었다.

"같이 한숨 자자." 하며 땀띠가 돋은 그을린 팔을 내어 주었다. 엄마의 겨드랑이에서 쉰내가 물씬 났다. 땀냄새를 피하려고 고개를 아래로 더 수그리고 엄마의 반쯤 열어둔 옷 틈으로 손을 넣어 뱃살을 주물렀다. 물렁한 배에도 땀띠는 돋아 있었다. 엄마는 따갑고 가려웠겠지만 나는 몰랑한 감촉이 좋아 잠이 들 때까지 만지고 또 주물러 대었다.

더위를 식힌 매미가 목청을 돋우는 바람에 잠이 깨어보면 엄마는 어느새 밭을 매러 가고 빈자리에는 땀냄새가 대신 남아 있었다. 팔베개를 하고 누워서 주무르던 엄마의 살결을 생각하면 그렇게 행복할 수가 없었다. 눈을 감고 그 감촉을 떠올리면 나도 모르게 손끝이 꼼질거렸다.

엄마의 몸 중에서 내가 주로 만지던 부위는 배와 가슴이었다. 여섯 남매를 낳고 먹이는 동안에 그것들은 늘어날 대로 늘어나 발효가 잘 된 밀가루 반죽 같았다. 적당한 온도로 말랑하면서도 보드랍고 마음먹은 대로 당겼다 놓았다 할 수 있었다. 보지 않아도 손끝에 와 닿는 촉감만으로 엄마를 알아맞힐 수 있겠다 싶게 나의 손은 엄마를 깊이 깊이 인식하였다. 엄마의 배와 가슴은 나에게 있어 여성의 상징으로서가 아니라 엄마의 상징으로 새겨졌다.

그런데 아이들의 엄마가 된 나는 어떠한가. 같잖은 글 몇 줄을 써놓고 그것을 밤새 조물거리다 늦게 잠이 든 다음 날은 으레 낮에 졸게 된다. 그럴 때에 불쑥 드나드는 아이들로 인해 단잠을 방해받을까 봐 깨우지 말라는 메모를 방문에 붙이고 접근을 막는다. 딴에는 부드러움을 담아 표현하려 노력했으나 쌀쌀한 엄마를 마주 대한 듯이 방문 앞에서 풀이 죽어 돌아섰을 것을 생각하니 매정한 엄마가 따로 없다 싶다.

작가 정채봉은 열일곱에 시집와 자신을 열여덟에 낳은 어머니가 스무 살에 돌아가셔서 자신이 기억하는 어머니는 항상 스무 살이었다고 하였다. 그리고 아기 적에 경험한 어머니에 대한 기억을 말하기도 하였는데, 나는 그 대목이 언뜻 이해되질 않았다. 나의 엄마가 돌아가신 지는 스무 해가 되었다. 내가 스무 살이 막 지나서였을 때였다. 그런 나도 엄마에 대해서는 겨우 배와 가슴을 기억해 낼 뿐 다른 것은 아련한데 젖먹이가 그것을 기억하고 있다는 것 때문이다. 절절할수록 강하게 새겨지는 법일지도 모르겠다.

스무 살이 되도록 엄마가 살아 계셨지만 중학생 때부터 객지에 나와 떨어져 지낸 탓인지 엄마와의 사이에 살가움이 별로 없었던 것 같다. 지금도 '엄마' 하면 떠오르는 기억이 '배와 가슴'에 대한 것 말고 뚜렷한 것이 없는데, 그나마도 추억한답시고 자꾸 들추어내면 엷어지고 사라질 것 같기만 하다.

지금 돌이켜 보면 철딱서니가 없어서 엄마를 힘들게 한 것들이 많을 것이지만 그중에 미안한 것이 두어 가지 있다. 하나는 달게 자는 낮잠을 깨운 것이고 또 하나는 굵어진 허리와 농사일로 '몸뻬'밖에 입을 수 없던 엄마에게 '오천평'이라고 놀린 일이다. 물을 빨아들이는 솜처럼 나의 모난 점을 다 받아들였지만 어쩌지 못하고 속이 상했을 것을 생각하니 나중에라도 뵐 면목이 없다.

예전의 엄마 몸처럼 나의 가슴과 배도 점점 물렁해져 가고 있다. 팔뚝이 굵어져서 고민이고 뱃살이 탄력을 잃어 옷맵시가 나지 않아 불만이다. 그러나 곰곰이 생각하면 통통 튀던 몸이 물렁해져 간다는 것은 어떠한 형태로든지 변할 수 있다는 여유를 의미하는 것은 아닐까 싶다. 아이들은 물론 세상의 모든 것을 반동 없이 푹신하게 품으라는 신의 섭리일 것도 같다.

(2005. 7.)

# 손바닥 농사

가랑비가 지짐거리고 있다. 태풍이 지나고 난 후 며칠은 가을볕이 유감없더니 또다시 태풍이 온다고 한다. 예전 같으면 선선한 날씨를 몰고 오는 가을비를 좋아했을 것이나 지금은 그렇지 못하다. 창가에 펼쳐 놓은 고추가 어설픈 주인을 만나 짓물러가고 있기 때문이다.

김장이나 고추장을 담그는 것은 엄두를 내지 못하지만 봄에 풋고추를 따 먹으려고 텃밭에 여남은 포기를 심었다. 병도 없이 실하게 열려 여름내 물리도록 먹고 이웃에 돌려도 남아돌았다. 여러 날이 지나서 가 보면 고추는 꽃처럼 붉어 있곤 했다.

갈 때마다 몇 움큼씩 따다가는 꼭지를 따고 보탠 것이 제법 되었다. 처음에는 채반에 널어서 볕이 좋으면 베란다 밖의 실외기 위에 놓고는 했다. 하지만 마르는 것보다 물크러지는 게 더 많았다. 말리는 방법에 문제가 있다는 데 생각이 미치자 번거롭지만 주차장에 내다 널기로 했다.

한 평 정도 되게 고추를 널어놓고는 무시로 내다보았다. 빈 주차장에서 낯을 붉히고 있는 고추들을 보면 가을을 다 품은 듯 마음이 풍성했다. 남들은 한여름 같다며 투덜댈 때 나는 날이 화창하여 고추가 잘 마르겠다는 생각에 콧노래가 나왔다. 해가 질 시간이 한참 남았지만 가끔 구름이 해를 가리기라도 하면 하늘을 올려다보며 비설거지를 해야 하나 말아야 하나를 궁리하는 것도 색다른 고민이었다. 요즘처럼 날씨에 민감했던 적이 또 있었을까.

고추를 말리며 알게 된 사실은 날씨를 예측하는 것이 쉽지 않다는 것과 태양 아래서 말리는 일이 불가능하리라는 것이다. 하늘이 새맑게 개인 날 어쩌다 외출을 하느라 널어놓지 못하게 될 때면 몸은 나가 있어도 한창 좋은 볕이 아까워 마음은 집에 가 있다. 예전에 날이 궂을 때나 밤에 아버지가 건넛방 가득 고추를 널어놓고는 아궁이에 불을 지폈던 것도 이제야 떠오른다.

어느 날은 아침에 하늘도 쾌청하고 볕도 따습기에 고추를 말리기 맞춤한 날이라며 서둘러 내다 널었다. 하루 동안 많이 마를 것을 생각하니 흡족했다. 그러나 얼마 지나지 않아 마른하늘에 날벼락이라는 말이 실감나는 일이 벌어졌다. 무심히 창밖을 내다보다 화들짝 놀라고 말았다. 달구비가 내리고 있었다. 일손을 놓고 단숨에 달려가 빗물이 그득한 고추를 거둬 왔다.

맏물을 거둔 뒤 분주한 손길을 거치는 동안 고추가 말라 있었다. 빻기 전에 마지막 손질을 해야 했다. 상태가 깨끗한 것과 짓물렀다가 썩은 것을 가렸다. 못 쓰게 된 것이 반이 넘었다. 먹을 양이 줄어든 것이 아까운 게 아니라 공을 들인 것에 비해 손에 남는 것이 적다는 사실에 허망했다. 그래도 소꿉놀이와 같은 고추 말리기를 통해 나 스스로가 익어가고 있음을 느낀다.

사람은 경험을 통해서 여물어간다. 간접경험은 물론 일상의 소소한 것들을 직접 겪어봄으로써 자신의 것이 된다. 하나씩 겪을 때마다 그 것들은 켜켜로 녹아들어 인생의 고유한 무늬가 된다. 처음에는 서툴고 성에 차지 않지만 반복될수록 능숙해지고 해를 거듭할수록 완숙되어 간다.

그러고 보면 우리네 부모님들은 모두 생활의 달인이요, 농사의 달인이었다. 한 분야에서 수십 년 동안 실력을 갈고 닦은 결과 자식들이 보기엔 무슨 일이든 쉽게 해내는 것으로 보였던 것이리라. 그 과정이 녹록지만은 않았을 것이다.

서푼어치의 고추를 말리며 농부에 대한 경외심을 한층 갖게 되었다. 그들은 성인에 가깝다. 그간 강원도에서 어머님이 보내준 고춧가루가 예사로 보이지 않는다. 방앗간에서 빻기까지 숱한 사연을 간직한다는 것을 알았기 때문이다. 지금까지 무심히 누려왔던 것들 중에 어느 것 하나 귀하지 않은 것이 없다.

살다 보면 의도하진 않았지만 뜻밖의 덤을 누릴 때가 있다. 뜻밖에 얻은 덤이라고 해서 아무런 노고도 없이 그저 얻어진 것이라는 뜻은 아니다. 주어진 일을 즐기다 보니 즐거움의 결과 치고는 과분하다는 의미다. 모종을 심고 진디를 없애고 가지치기를 하고 지지대를 세워 주고 붉어진 고추를 따고…. 모든 과정을 놀이를 하듯 한 것뿐인데 뜻한 것에 비해 과분한 복을 누리고 있다.

풋고추는 생명이 짧다. 땡볕 아래 오래 말려도 붉게 익지 않는다. 오직 인고의 시간을 보낸 붉은 고추만이 다른 결과물을 만들어 낼 수 있다. 여태 풋내가 나고 사람 구실을 제대로 못하고 살지만 고추와 더불어 가을볕 아래에서 익어갔으면 좋겠다. 씨가 들여다보일 정도로 말갛게 잘 마른 고추처럼 정갈하면서도 원숙한 사람 냄새가 나도록 익고 싶다.

이 모든 것이 손바닥만 한 땅에서 비롯된 변화다.

(2012. 9.)

# 육발이 오빠

먼 친척 중에 발가락이 여섯 개인 오빠가 있었다. 겉모습은 여느 사람과 다르지 않았기 때문에 어린 나는 오빠의 발가락 개수를 알지 못했다. 그런데 사람들은 그 오빠를 '육발이'라고 불렀다. 그런 소리를 들어도 스무 살 남짓한 오빠는 그냥 웃었다. '육발이'가 무엇인지 언니에게 물어봐서 알았던 나는 웃기만 하는 오빠를 바보라고 생각했다.

어쩌다 오빠가 우리 집에 오거나 내가 친척집에 가게 되면 나는 오빠를 피했다. 웃기만 하는 오빠였지만 발가락이 여섯 개라는 것을 알고부터 괜히 무서웠다. 오빠가 말을 하는 것을 별로 본 적이 없었지만 눈이 마주치면 말을 섞게 될까 봐 눈도 마주치기 겁났다.

어느 해에 오빠의 아버지인 친척 아저씨의 생신이어서 엄마를 따라갔었다. 생신상을 물릴 때쯤 되자 배가 부른 나는 끝도 없는 어른들의 이야기에 심드렁해졌다. 방을 나와 마루를 지나 봉당을 내려서면서 신발을 제대로 신지 않아 넘어질 뻔했다. 마침 오빠가 쇠죽을 끓이느라 사랑방 아궁이에 불을 때고 있었다. 넘어질 것 같은 나를 발견한 오빠는 장작을 깔고 앉았던 엉덩이를 번쩍 들고 엉거주춤 달려왔다.

가뜩이나 무서워하던 사람이 다가오는 것에 놀란 나는 한쪽 신발을 신지도 않은 채 뒤꼍으로 달아났다. 연기가 새어 나오는 그을린 굴뚝 옆에 쪼그리고 앉아 있었다. 가슴이 뛰는 소리를 듣고 오빠가 금방이라도 나를 찾아낼 것 같아 두려웠다. 한참이 지나 주위가 잠잠해지고서야 나는 담장 밖의 하늘을 올려다보았다. 연초록 잎에 가려진 감꽃이 보였다. 둥치가 큰 감나무 아래 풀 사이에 떨어져 있는 감꽃을 강아지풀 줄기를 뽑아 꿰느라 신발 한 짝은 어느새 잊고 있었다.

감꽃이 길게 꿰어진 목걸이를 대어보려고 고개를 들었을 때 오빠가 내 신발 한 짝을 들고 웃는 얼굴로 옆에 서 있었다. 오빠는 실눈에다 양 어금니에 덧니까지 있어서 웃고 있는 모습이 꼭 하회탈 같았다. 내 발바닥의 흙을 털어낸 뒤 신발을 신겨 주고 풀을 뒤져 감꽃을 주워 더 길게 꿰어주는 오빠를 나는 더 이상 무서워하지 않았다.

첫아이를 낳고서 그 오빠 생각이 났다. 갓난아이를 보자 내가 제일 먼저 한 일은 아이의 손가락과 발가락이 모두 다섯 개씩인지 확인하는 일이었다. 막연히 손가락과 발가락이 정상이어야 다른 것도 정상일 것이라는 생각 때문이었다. 내가 방정맞은 생각을 했던 것은 정상과 보편이라는 범주에 속하지 않아 평범한 일상을 살지 못하는 것은 아닐까 하고 두려웠기 때문일 것이다. 보이는 것만으로 업신여김을 당하는 자식을 지켜보는 것은 멍에를 메고 가는 절망이라고 생각했다.

그럼에도 돌아가신 부모님의 애간장을 태우는 복에 겨운 소리지만 나는 내가 백치였으면 좋겠다고 생각한 적이 있다. 느리고 단순하게 살고 싶은데 그렇지 못한 현실 앞에서 반항하고 싶을 때 그렇다. 볼 수 있지만 보지 못하고 들을 수 있지만 듣지 못하고 말할 수 있지만 말하지 못하는 백치. 가끔은 책임을 지지 않아도 눈감아주기를 세상에 바라거나 속마음을 들키고 싶지 않아서 가장하고 싶을 때 그렇다.

그러나 나는 알게 모르게 겉모습이 멀쩡하다는 것 때문에 오만에 빠져 있는지도 모른다. 사철 변하는 아름다운 산과 바다를 보고도 경이로운 줄 모르고 가까운 사람의 살가운 웃음소리를 듣고도 좋은 줄 모른다. 상대가 들어서 기쁜 말보다는 마음이 아플 말을 더 많이 한 것 같다. 세상엔 다른 사람을 아프게 해도 될 만큼 잘난 사람도 없고 늘 받기만 해야 할 만큼 못난 사람도 없다.

살면서 정작 중요한 것은 보이는 것에 있지 않고 보이지 않는 마음에 있다. 행복은 남이 뜻매김해 주는 것이 아니라 스스로 마음 씀씀이를 다듬어 가는 것에 달렸다. 남들이 어떻게 생각하든 이웃의 힘든 일도 잘 거들고 늘 벌쭉하게 웃던 오빠보다 가진 것에 불만스러워하며 사는 내가 나을 것이 없다. 나에게 해를 끼치지 않았는데도 무서운 존재라고 생각했던 오빠에게 진 마음의 빚이 크다.

나는 많은 것을 보아도 정작 본 것이 없고, 말은 많이 하지만 그 말이 감동을 주지 못하는 하루를 살고 있다. 몸과 마음을 모아 내가 가진 것에 대하여 하나하나 전율하며 살고 싶은데 쉽지 않다. 그저 눈을 감은 듯이 살고 싶다. 보지 않아도 될 것들을 보지 않는 대신 귀로 세상을 놓치지 않고 보듯이 하나에라도 느리게 집중해 살고 싶다.

(2009. 6.)

# 무슨무슨 날

둘러보니 어느새 신록이 가득하다. 사느라 허덕이는 사람들과 상관없이 자연은 초연하게 돌고 있다. 창을 열어두면 어김없이 송홧가루를 집안까지 보내오고 아까시 꽃향기를 바람결에 실어 보낸다. 오월은 어디를 보나 푸르다.

방마다 있는 달력을 보니 펼쳐져 있는 달이 제각각이다. 어느 것은 사월이고 어느 것은 오월이다. 사월에 머물러 있는 달력에는 이사를 할 무렵의 일들이 빨갛게 적혀 있다. 딸아이의 생일도 보이고 문학기행을 간 흔적도 보인다. 오월의 달력에는 감기몸살로 병원에 갔던 일과 아들이 머리를 깎은 것도 적혀 있다. 그밖에는 별로 적혀 있는 것이 없다. 그러나 오월에는 일요일 말고도 '빨간 날'이 더러 보이고 무슨무슨 날이 참 많다.

며칠 전에는 어린이날이라고 야단스러웠다. 날이 다가오기 전부터 아이들은 선물을 다짐받느라고 바빴다. 고심하여 어린이날 선물을 하나씩 마련해서 주었는데 아이들의 반응은 '시시하다'는 것이다. 작은 것이라도 생각해서 주는 것에 대해 감사한 마음보다 최고로 대접받는 것에 길들여져 거창한 것을 기대하다 보니 성에 차지 않아 실망한 것인지도 모른다.

어린이날은 아이들이 홀대받고 인정받지 못하자 어린아이일지라도 존경하자는 취지로 만든 날이다. 하지만 요즘은 대부분의 집에 아이들이 하나둘뿐이어서 홀대받을 일도 없을 뿐만 아니라 오히려 섬김에 지나침이 많다. 아이 떠받들기를 부모 받드는 것보다 몇십 배 더한다. 그러니 아이들은 버릇이 없고 자신밖에 모르는 경우가 적잖다. 어린이날이 따로 없어도 매일이 어린이날이다. 가정마다 아이들을 위주로 돌아가는 환경이 되고 있기 때문이다.

오늘은 마침 일요일이면서 어버이날이다. 나에게는 어린이날과 다름없이 덤덤한 날이다. 집안에 챙길 어른이 계시는 것도 아니다. 그렇다고 내가 '어버이' 대접을 받을 나이는 더욱 아니다. 개인적으로는 사위나 며느리가 생기는 시점이 어버이 대접을 받을 만한 때가 아닐까 생각한다.

1950년대에 생겨난 어머니날은 내가 초등학교에 입학하던 해에 어버이날로 바뀌었다. 산업화와 도시화로 인해 점점 핵가족화가 되어감으로 해서 어른과 노인에 대한 생각이 바뀌어 가는 것을 간파했다는 말이다. 그래도 그때는 꽃을 가슴에 종일 달고 다니며 흐뭇해하신 어머니가 계셨다. 부모는 자식에게 자식은 부모에게 줄 것이 많지 않았으니 꽃 한 송이에도 마음이 담겨져 있어 기뻤다.

굳이 어버이날을 정해서 효를 실천하자고 한 것은 효사상이 점점 바래져 감을 의미한다. 인간의 도리이자 근본이었던 효가 세상에서 한참 밀려났다. 옹색하게 날을 정했지만 어버이날이라고 해서 특별히 달라질 것은 없는 듯하다. 탑골공원과 종묘공원은 노인 해방구라고 불릴 만큼 노인들이 많다. 그곳의 노인들은 어버이날이 뭐하는 날이냐고 반문한다. 자식들이 있지만 각자 먹고살기 바빠서 '어버이'를 돌아보지 않기도 하고 노인이 되어서 어린아이처럼 기념일을 챙겨달라고 하기도 뭣하다는 것이다. 그러니 그들에게는 있으나마나한 날이다.

15일은 스승의 날이다. 세월이 변하고 사람도 변해서일까. 그러다 보니 제대로 된 스승이 없어서일까. 가르침에 대한 감사함을 표현하는 마음조차 막는 세상이 되었다. 선생님께 마음을 담아 작은 선물을 드렸는데 돌려주더라고 한다. 언제 적부터의 촌지가 사라지지 않아 참스승의 체면까지 깎고 학부모와 선생이 서로 껄끄러운 관계가 되게 한다.

오월 셋째 주 월요일은 '성년의 날'이다. 올해 만 스물의 성년이 된 딸아이가 신경이 쓰인다. 서울에 있으니 달리 해 줄 것도 마땅치 않기도 하고 이미 대학생이 되어 객지에서 스스로 삶을 꾸리고 있는 마당에 성년의 날은 큰 의미가 되지 못할 것 같다. 그래도 정해진 날이 있는 한 그냥 무시하고 넘기기 찜찜하니 '별문자메시지'만이라도 보내야겠다.

21일은 '둘이 하나가 된' 부부의 날이다. 촌수를 따지지 않는 부부의 관계가 '님'에서 점 하나를 붙이면 '남'이 되기도 하는 세태라 가정의 중심축인 부부의 중요성을 강조하기 위해 만든 날일지도 모른다. 생각은 갸륵한데 둘이 만나 부부가 된 결혼기념일보다 나을 것이 없어 보인다.

무시하고 넘기기 찜찜한 이런저런 날을 없애고 차라리 '부모님의 날'을 한 달에 한 번씩 정하는 것이 나을 성싶다. '검은 똥 누고 나면 부모 은공을 알게 된다.'고 내가 엄마가 되고 보니 부모님의 혜의를 갚을 길이 없다는 것을 알겠기에 그렇다. 젊어서는 자식들 키우느라 고생하였지만 늙었거나 쓸모없다며 뒷전으로 밀려난 부모님을 한번이라도 더 생각해 보자는 뜻에서다. 자녀들에게 쏟는 정성의 일 할만이라도 부모님께 돌려드리는 날이 의무적으로 필요할 듯하다.

사람 사이에 기념할 날을 나날이 새로 만드는 것은 사람에 대한 의식의 변화임을 엿볼 수 있다. 그만큼 우리의 삶이 여유로워지고 사회는 성숙해졌다고도 볼 수 있으나 마냥 좋아할 일만은 아닌 것 같다.

사람이나 사회가 취약해 관심을 특별히 기울여야 할 때가 많은데, 그 때를 잊지 않고 쉽게 기억하기 위해 상징적인 무엇인가를 만드는 것 같아서다.

사람이 중심이 되는 기념일이 많다는 것은 사람 관계가 허술해지고 있다는 방증이기도 하다. 무심하고 소홀해지는 사람 사이를 단단히 엮어줄 만한 동아줄은 없을까. 다양한 기념일에 물질을 넘어서는 눈이 번쩍 뜨일 비약이 있다면 누구든 가리지 않고 처방받아야 할 듯하다.

(2011. 5.)

# 괜찮은 자리

딸이 대학을 졸업하고 직장을 얻자 주변에서 '딸애에게 남자친구가 있느냐?'는 물음을 심심찮게 받게 된다. 아직도 나에겐 아이 같기만 한데 딸이 남들에겐 과년한 처자로 비춰지는가 보다. '괜찮은 자리'가 있다면서 시작되는 말에 괜스레 내가 '괜찮은' 그 사람을 만날 당사자가 된 듯 설레기까지 한다.

그러나 이야기를 듣다 보면 '괜찮은'은 당사자보다는 당사자를 둘러싼 여타 조건들을 뜻한다는 것임을 간파하게 된다. 그러면 나는 설레던 마음이 이내 식고 만다. 딸애가 상대 쪽에게는 '괜찮은 자리'가 아니라는 생각에서다. 더 명확하게 표현하자면 딸애를 둘러싸고 있는 내가 괜찮지 않기 때문이다. 변변히 내세울 만한 것이 없다는 자격지심일 수도 있지만 나 자신이 '괜찮은'에 부합되지 않다는 것을 이즈음에 더욱 깊이 느끼고 있다.

말을 꺼낸 사람의 이야기를 듣고 있으면 나와는 전혀 상관이 없는 이야기처럼 느껴진다. 그 집 부모가 경제력이 탄탄해 돈 걱정은 안 해도 될 집이라는 둥, 그 집은 며느리가 공부를 계속 하겠다면 유학을 보내줄 집이라는 둥, 그런 집의 아들과 결혼을 하기만 한다면 더 바랄 게 없지 않느냐는 둥. 하자가 많은 물품을 두고 우위에 선 입장에서 흥정하는 투다. 그런데 당사자가 어떤 사람이냐고 물으면 정작 대답이 신통찮다.

결혼의 주변 조건이 당사자보다 중요하다는 것은 예나 지금이나 별로 달라진 바가 없는 풍경이다. 더구나 결혼이라는 것이 당사자들만의 결합이 아니라 집안과 집안이 관계를 맺는 일이고 보면 어쩌면 조건을 따지지 않는 것이 더 의아할 일이다. 물론 사람들은 '조건이 중요하느냐, 사람이 더 중요하지.'라고 말은 하지만 자신의 일이나 자식의 일이 되고 보면 속내는 그렇지 않다는 것을 알 수 있다.

'사람'만 놓고 본다면, 아니 당사자의 '조건'만 본다면 딸애도 괜찮은 조건에 속할지도 모른다. 남들이 말하는 일류대학 출신인 데에다 들어가기 어렵다는 이름 있는 대형 병원에 근무하는 등 대개가 탐낼 자리임이 분명하다. 그렇지만 부모의 허술한 조건이 앞을 가로막는다. 그 대목에 이르면 나는 어쩐지 자식에게 큰 죄를 지은 심정이 된다.

부부의 연을 매듭지으면서 예상 못한 바는 아니지만 생각보다 견고

한 현실의 벽을 허물어뜨리기에는 오랜 세월이 지나야 할 듯하다. 당시에 결정을 내리면서도 가장 염려가 되었던 부분이다. 자신의 인생과 자식의 장래는 중요도를 가름하기 힘든 것이라 고심 끝에 어렵게 이 길을 선택했던 것이다. 자식의 장래도 중요했지만 내 인생도 그에 못지않은 질량을 가지고 있다고 생각했기 때문이었다. 대신 아이들의 성장에 더욱 마음을 기울여 오던 참이었다.

하나 막상 딸애의 혼담이 오가는 때가 오자 현실은 나의 생각과 다르다는 것을 절절하게 깨닫고 있다. 딸이 마치 허름한 가게에 놓인 물건이 된 듯하다. 가게의 외관이 허름한 것은 가게 주인에게 문제가 있거나 다른 이유가 있을지 모를 일이다. 돈이 없어 치장을 못했거나 아니면 가게의 구조상 손질을 하지 못하는 어쩔 수 없는 상황일 수도 있다. 그러나 사람들은 남의 속사정까지 헤아리며 현상을 보려 하지 않는다. 물건 자체보다도 일단 번듯한 가게에서 골라야 남 보기에도 위신이 설 수 있을 테니까.

기왕이면 다홍치마라 하지 않는가. 나도 자식을 둔 엄마로서 혼담이 오갈 때는 어떠한 조건이든 따지는 조건이 없지는 않을 터다. 거래에는 조건이 따르게 마련이고 결혼도 일종의 거래라고 본다면 조건이 없는 혼담도 없을 것이다. 그렇기에 조건부터 앞세우는 이야기를 수긍해 보려 하고 조건에 부합되지 못해 연기처럼 사라지는 혼담을 이해하려 애써 본다.

두어 번 말을 먼저 꺼낸 사람은 다시 말이 없다. 아직 딸의 나이가 많지 않아 급할 것도 없고 결혼에 대해 우리 앞에 닥친 일이라고 생각해 보지 않은 사람을 쑤석거려 놓고 딴청이다. 왜 말을 꺼내놓고 이러하다거나 저러하다거나 하지 않느냐는 말은 하지 않으려고 한다. 괜찮은 물건이니 일단 살펴보기라도 하라며 애원하지도 않으려고 한다. 차양도 없는 가게 구석자리에서 먼지를 뒤집어쓰고 있는 물건 같은 딸애에게 해 줄 말이 없어서다. 피해의식에 젖어 있는 나의 비약이 지나친 것일까.

예전에 강원도를 떠나올 때 아버님은 집 떠나는 며느리의 손을 잡고 당부하였다.

"에미야, 남에게는 혼자라고 절대 말하지 말거라."

그간은 세상의 편견을 호되게 맛보지 못했으니 말씀의 의중을 알아차리는 데에 시간이 걸렸다. 그렇지만 본인의 입으로 혼자라고 말하지 않아도 세상 속에서 살아가다 보면 무덤까지 가지고 갈 수 없는 노릇이다. 더구나 자식의 혼담이 오갈 때는 빼놓을 수 없이 드러내야 하는 내용이고 보면 아버님의 당부는 어느 부분만 통하는 셈이다. 다 숨길 수 있다 해도 자식의 일 앞에서는 감출 수 없다는 것을 아버님은 몰랐던 것일까. 사람들의 심사를 유리 안을 들여다보듯이 알기에 차마 거론하지 못하고 자손의 앞길에 좋은 일만 있기를 바랐던 간절함의 다른 표현이었을까.

요즘의 젊은이들은 남녀를 가리지 않고 결혼 상대의 조건을 무척 중시한다. 그중 경제력과 직업이 큰 비중을 차지한다고 한다. 먹고사는 일이 최대 관심사이므로 젊은이들을 현실적이라고 비난할 수만 없다. 하지만 본인 외의 조건을 내세워 배우자를 고르는 현실 앞에 못난 엄마로서 딸애의 혼사를 막는 걸림돌이 된 것 같아 기운이 빠진다.

아직은 실감이 나지 않는 일이긴 하지만 자식의 혼사에 대해 나 나름의 그림을 그려보기도 한다. 물론 결혼 당사자가 내가 아닌 딸이므로 생각이 다를 수는 있다. 그렇지만 나열되는 조건보다도 '사람'이 우선인 만남이 이루어졌으면 좋겠다. 딸을 둔 엄마 입장에서는 이왕이면 몸에 맞는 옷처럼 편안한 자리였으면 하는 바람이다.

'괜찮은'은 다분히 주관적인 말이다. 사람마다 기준이 다르고 생각도 다르니 '괜찮은'에 들어맞지 않는다고 낙심할 일도 아닌 듯 싶다. 가지지 못한 것에 마음 쓰기보다 잘하는 점과 가진 것에 집중하는 것이 더 나은 결론에 다다르게 될 것이므로. 나 또한 다 가지지 못했기에 모자라는 것을 채우려고 더 노력하며 살고 있다. 부족한 점이 없었더라면 굳이 애를 쓰며 살지 않았을 것이고 24색 크레파스 같은 삶을 맛보는 호운도 잡지 못했을 것이다.

'괜찮은 자리'가 있다는 말을 꺼내는 사람들을 앞으로 얼마나 더 만나게 될지 모른다. 그러나 곧 수그러들 그 말에 내 몸은 반사 작용을 일으킬지도 모르겠다. 하나의 개체로 당당하게 살고자 하는 나는 혼담의 당사자인 딸과는 무관하게 앞으로도 비굴해지고 싶은 마음이 없어서다. 딸이 언젠가 괜찮은 '사람'과 연이 닿을 것이라는 희망을 잃고 싶지 않다.

(2016. 3.)

6부

# 문설주

문고리 주변에 덧발라 놓은 마른 꽃잎과 단풍잎은 달빛을 받아 은은하였다. 문밖의 나뭇잎이 어려서 생긴 그림자가 아닌가 하고 움직임을 숨죽여 기다리기도 했다. 고요해서 오히려 잠이 오지 않는 날은 격자무늬와 꽃잎을 세다가 잠이 들기도 하였다. 그 문양은 꿈속에서도 내 의식에 고운 무늬를 만들곤 했다.

# 문설주

구멍이 뚫린 데마다 바람을 막기 위해 덧대어 바른 문은 누더기 같았다. 한 해 동안 살아온 가족의 사연과 냄새가 밴 듯 창호지는 누렇다. 먼 산에 쌓인 눈이 녹고 따스한 봄볕이 마당 안으로 내려앉으면 집안의 문짝들을 떼어 댓돌 위에 걸쳐 놓는다. 온 집안은 문을 바르는 일로 종일 분주하다.

밀가루 풀을 쑤는 냄새가 등에 내리는 햇살만큼 따뜻해 나른해졌다. 문짝의 격자마다 찌든 먼지를 털어내는 일은 마음까지 개운하게 한다. 벽장 속에서 잠자던 창호지는 마루 위에서 햇살을 받아 기지개를 켜는 듯 눈부시다. 강아지도 덩달아 문짝 사이로 뛰어다니다 문짝을 넘어뜨려 아버지에게 쫓겨 갔다.

문짝에 골고루 풀을 바르고 물을 뿌린 창호지를 꼼꼼히 당겨 붙인다.

조심스레 그늘로 옮겨 두고 다른 문짝에도 창호지를 바른다. 생각보다 문을 바르는 일은 간단하지가 않다. 어린 손길들을 보태도 중간에 점심을 먹고 다시 시작해야 할 만큼 큰일이었다. 저녁이 되면 단장을 마친 새색시 같은 문을 제자리에 달았다. 그런 날 밤은 달빛조차 고왔다.

문고리 주변에 덧발라 놓은 마른 꽃잎과 단풍잎은 달빛을 받아 은은하였다. 문밖의 나뭇잎이 어려서 생긴 그림자가 아닌가 하고 움직임을 숨죽여 기다리기도 했다. 고요해서 오히려 잠이 오지 않는 날은 격자무늬와 꽃잎을 세다가 잠이 들기도 하였다. 그 문양은 꿈속에서도 내 의식에 고운 무늬를 만들곤 했다.

시댁의 소박한 한옥에 달린 문을 처음 보았을 때 기억 속에 있던 세계가 펼쳐지는 듯했다. 잊을 수 없는 추억이 초대를 받은 것 같기도 하고 오랫동안 나를 기다리기라도 한 듯한 모습이 마음에 들었다. 다시금 고요히 누워 꽃잎을 세어보고 싶고 풀 바르던 아버지의 구릿빛 손등도 떠올랐다.

그러나 몇 년이 지나 그 모습을 더는 볼 수 없게 되었다. 오랜 세월을 함께하여 손때가 묻고 정이 들었다 하더라도 편리함에 맞닥뜨리면 정이란 것도 사라지고 마는 것일까. 낡고 외풍이 심해 어른들이 살기에 불편하다는 점 때문에 집수리를 했다. 이유는 수긍할 수 있었지만 그곳을 들를 때마다 느꼈던 고향의 여운을 잃는 것 같아 섭섭했다.

문짝들은 뒤란의 헛간 옆에 내던져졌다. 문설주도 형체를 알아볼 수 없게 된 채 쌓였다. 쓸모없어진 것이니 이제 땔감으로 아궁이에 들어갈 것이다. 문을 보며 내 안에 쌓인 그리움을 달래던 것을 생각한다면 이대로 버릴 수 없었다. 아무렇게나 널린 문짝들 주위를 왔다 갔다 하자 아버님이 다가왔다.

"여섯 며느리 중에 이런 걸 귀히 여기는 것은 어멈이 첨이다."

더미 속에서 그나마 온전한 문짝을 골라 부러진 살 하나를 무명실로 동여매어 주고 먼지를 씻어낼 때 솔로 문질러 주기도 하였다. 물기가 빠진 문짝을 응달로 옮겨 놓으면서 "다 마르면 헛간에 넣어둘 테니 언제고 갖고 가라."라고 하였다.

그렇게 해서 문짝 하나가 나의 것이 되었다. 그러나 헛간에 넣어두었을 문짝은 주인의 손길이 '언제' 다시 미칠지 기약할 수 없는 상황에 놓이게 되었다. 먼지가 도로 쌓이는 문짝을 대할 때마다 불현듯이 사라져 버린 철없는 며느리를 대하듯 아버님은 또 얼마나 가슴이 에이었을까.

생각지도 못했는데 아버님이 몹시 편찮다고 했다. '예솔 어멈에게 꼭 할말이 있다.'는 전갈을 받고 망설이다 천릿길을 나섰다. 왜소했던 풍채는 더욱 작아져 아이처럼 품에 안을 수도 있을 것 같았다. 말씀도 제대로 못하는 분이 어혈을 푸는 데 좋다며 종지에 웅담을 개어 내밀었다. 하얗고 얇은 손이 가늘게 떨렸다. 고개만 숙이고 있는데 어서 먹으라고 그 손으로 재촉하였다.

한지에 여러 겹 싸서 옷장 깊숙이 두었다 꺼낸 웅담은 나를 위해서 어렵게 구한 것이라고 했다. 집 떠난 며느리는 아버님 가슴에 박힌 못이었는지도 모른다. 헛간에 방치되어 있는 문짝과 더불어 건드릴 때마다 쓰리게 하는 대상. 당신의 병환보다 '예솔 에미'가 더 안돼 보였는지 이외에도 몇 가지 당부 말씀을 들리지도 않게 더 했다. 웅담을 넘기는 척 눈물을 삼키느라 알아들을 수 없었다.

그 자리가 마지막이었다. 얼마 지나지 않아 아버님은 아주 가셨다. 물리적 거리는 있었지만 살아 있는 것만으로도 든든했던 아버님. 헌 문짝 같은 나를 지탱해 주고 제구실을 하게 해 준 문설주 같던 아버님. 잘난 척 해도 설주가 없으면 문은 아무 쓸데없다는 것을 깨닫게 해 준 분이었다. 나는 한동안 기둥이 없어진 문처럼 흔들렸다.

문은 오래되어 쓸모없어지면 떼어내고 다시 달 수도 있다. 쌓인 먼지를 털어내듯 미련 없이 걷어내면 그만이다. 그러나 아버님의 내리사랑이라는 설주는 시간이 흘러도 누군가 역할을 대신해 줄 수 없을 것만 같다. 보이지는 않지만 존재감은 그지없이 견고하기 때문이다.

한때 고향을 느꼈던 문과 문짝들은 떠난 아버님의 존재처럼 나의 기억에서 희미해져 간다. 하지만 아버님이 남기고 간 사랑은 세월이 가도 내 안에서 변함없는 버팀목이 되어 주고 있다. 허술한 내가 흔들릴 때면 붙들어 주는 문설주가 있어서 말할 수 없이 든든하다.

(2006. 2.)

# 아랫목

차츰 겁이 나는 일이 하나씩 늘어간다. 그중에 요즘처럼 날이 차면 밖으로 나가는 일이 달갑지 않다. 웬만하면 바깥출입을 하지 않게 된다. 어쩔 수 없이 나갔다가 돌아오면 절절 끓는 아랫목에 깔린 이불 속으로 언 몸을 넣고 지지고 싶은 마음이 간절해진다. 노인네 같은 소리라고 혀를 차도 도리 없다. 시골내기인지라 이맘때면 뜨뜻한 아랫목이 사무치도록 그립다.

강산이 변하여 어릴 때 살던 집이 사라지고 마을이 없어진 지 오래다. 그런데도 마을과 집의 구석구석이 눈에 보이듯 생생하니 그리움을 넘어 사무칠 수밖에 없다. 어깨가 움츠러드는 날에는 고향집의 아랫목에서 시원하게 지지는 장면이 눈앞에 보이는 듯한 착각에 빠지기도 한다. 살을 델 정도로 뜨거운 바닥에서 지져야 '시원하다'는 감을 갖는 것은 우리 사이에만 통하는 정서일 듯하다.

우리네 옛집은 선조들의 슬기가 담긴 특별한 장치가 곳곳에 있다. 크게 방과 부엌으로 나누어져 있는 공간은 겉으로 보기에는 단순해 보이지만 겨울이면 참된 가치를 알게 된다. 가마솥에 밥을 지으면서 동시에 방바닥을 덥히는 구조는 우리만의 귀한 문화이다. 돌과 흙과 나무를 조화롭게 아우른 지혜는 자연의 질서에 따르면서 살고자 하는 바람이 담겨 있다.

아궁이에서 지핀 불이 골고루 잘 들게 구들과 고래를 놓는 일은 솜씨가 필요하다. 아궁이에 가까운 아랫목은 구들을 두껍게 놓고 윗목은 얇게 놓아 바닥이 고르게 데워져야 한다. 그렇게 해도 불길이 먼저 지나는 아랫목의 장판은 눌면하게 눋거나 꺼멓게 타기도 한다. 열에 의해 생긴 것이지만 그 표지는 신묘한 힘으로 사람들을 끌어 모은다. 집에서 아랫목은 여러 의미를 지니고 있다.

아랫목은 방안에서 가장 따뜻한 곳이어서 겨울에 독차지하고 싶겠지만 엄연히 우선순위가 있었다. 우리 집의 경우 아버지가 가장 어른이었기 때문에 아버지의 자리였다. 어쩌다 아버지가 계시지 않는 날이면 우리들 차지다. 아랫목에 소복이 모여 체온을 나누며 옥수수 튀밥을 한 바가지 퍼내 와 도란대기도 했다.

때로 손님이 오면 아버지는 우리를 윗목으로 쫓고 아랫목으로 모셨다. 아랫목은 방안에서 가장 상석이었던 셈이다. 윗사람에 대한 우대와 손님에 대한 예의를 우리는 아랫목을 통해 자연스럽게 배웠다. 따뜻한 자리를 내 주어야 하는 서운함에 툴툴대기도 했지만 그러면서 눈치껏 공경의 법칙을 몸에 익혔던 것이리라.

한겨울의 아랫목은 온실의 구실도 한다. 구석진 자리에는 콩나물시루가 붙박이처럼 있었다. 엄마는 우리더러 "잔뿌리 나지 않게 물을 자주 줘야 한다."라고 하였다. 소임을 다하다 보면 시루에 덮여 있던 베보자기는 하루가 다르게 부풀어 올랐다. 물이 밑으로 다 빠지는데도 콩에서는 어느새 줄기가 나고 얼마를 지나면 한 뼘 자라 있었다. 한 움큼씩 솎아 콩나물밥을 해 먹거나 콩나물국을 끓여 먹었다. 겨우내 먹어도 물리지 않았다.

전기가 들어오지 않던 시절에 아랫목은 보온밥통도 되었다. 읍내에 있는 중학교에서 어둑해진 후 버스를 타고 한 시간 만에 내리면 깜깜하여 아무것도 볼 수 없었다. 어둠이 눈에 익을 때까지 꼼짝없이 서 있다 혼자 산길을 오르자면 등에 식은땀이 났다. 엄마는 놋주발에 담아 아랫목의 이불 속에 묻어 둔 밥을 상에 올려 주곤 하였다. 따스한 밥이 몸속으로 들어가면 추위가 물러갔고 밥상 옆에서 엄마가 뜨개질을 하며 이따금 바라봐 주면 밤길을 달려온 무섬증이 달아났다.

아랫목은 전통음식의 발효실이기도 하다. 메주를 띄우거나 청국장을 띄울 때는 아쉽게도 안방의 아랫목을 내주어야 한다. 콤콤한 냄새 때문에 가까이하기 고역스럽기도 하지만 수북이 쌓인 메주를 향해

잠결에 발질할 것을 염려하는 아버지의 명 때문이다. 메주가 다 뜰 때까지 우리는 불이 잘 들지 않는 아래채에 군불을 때고 묵어야 한다. 희한하게도 같은 아랫목인데 안방과 아래채의 온기가 다르다.

방안에서 느껴지는 것은 온도가 아니라 온기가 더 어울린다. 아랫목이 있는 풍경은 온도를 따지기 이전에 온기를 나누는 공간이기 때문이다. 체온을 나누고 마음을 전하며 정이 익는 곳. 체득된 것은 오롯이 새겨진다. 가슴에 새겨지는 것은 눈에 보이는 것보다 더 오래 간다.

풀을 먹여 사각거리는 솜이불 속에서 가족은 체온을 느끼며 잠이 든다. 밤사이 구들이 서서히 식으면 함께 덮고 잤던 이불은 온데간데없다. 누군가 혼자서 이불을 돌돌 말아 차지하고 나머지는 웅크린 채 본능적으로 파고든다. 그럴 때 어둠 속에서 들려오는 나무 타는 소리와 달그락거리는 소리와 함께 구들이 다시 따뜻해져 오면 웅크렸던 몸이 펴지며 새벽잠에 든다. 달콤함은 오래가지 못한다. "일어나서 밥 먹고 학교 가라." 하는 엄마의 소리가 꿈결인 듯 들려오기 때문이다.

문풍지 사이로 황소바람이 들면 구들이 데워진 것만으로는 온기를 품기 어렵다. 이때는 군불을 때고 남은 잉걸불이 잦아든 후 화로에 담아 방안에 들인다. 외풍이 있는 방안을 금세 훈훈하게 한다. 화로의 불이 사그라질 즈음 잿불에 고구마를 묻어 놓으면 달금한 냄새가 방안에 가득하다.

당장이라도 그 시절로 거슬러 간 듯 생각의 올은 끊이지 않는다. 그러면서 사라진 것들에 대한 아쉬움과 그리움의 실타래는 엉키고 말았다. 아랫목이 사라지자 덩달아 사라진 것들, 배려와 존중, 가족의 끈끈함. 골고루 미지근한 집안에서는 더 이상 위아래도 따질 수 없고 가족을 한자리로 모으는 구심점도 없다. 나는 가슴의 살바람을 몰아내기 위해 궁여일책으로 창을 열고 방안 가득 별을 들인다.

(2014. 1.)

# 대왕이시여

대왕이시여. 당신을 뵈러 가는 길입니다. 잊은 때는 몰랐으나 가까워지니 오래된 연인을 만나러 가는 것처럼 서럽습니다. 옛사랑을 들추어내려면 용기가 필요하듯이 저 또한 아슴푸레한 대왕의 기억을 떠올리는 데 계기가 필요했습니다.

나라는 어찌하옵고 태자는 어찌하옵니까. 아직 갈 길이 멀고 넘치는 사랑을 남겨두셨는데 나랏일을 중히 여기시다 몸을 아끼지 않으셨나요? 병을 얻으셨으니 노심초사하시던 신라를 두고 눈인들 제대로 감으셨습니까? 왜를 진압하기 위해 절을 지으시다 못다 이루심은 태자께서 큰 뜻 받들어 웅장히 이루어놓았습니다. 그 큰 은혜에 감사한다는 감은사感恩寺라 하옵니다.

위업 가운데서도 삼국을 통일하시어 성세를 누리고자 하셨던 나라

향한 마음. 그것도 부족하여 생전 평소에 말씀하시기를, "짐은 죽은 뒤에 호국대룡護國大龍이 되어 불법佛法을 받들고 나라를 수호하려 하오."라고 하셨다 하니 오직 나라의 안일과 평온을 바라시는 마음을 저로서는 헤아릴 수 없습니다.

저는 아직도 대왕의 깊은 뜻을 헤아리는 것이 쉽지 않습니다. 선대의 거대한 능묘를 따르지 아니하시고 바다에 뿌려져서라도 나라를 구하는 용이 되겠다하셨나이까. "화려한 능묘는 공연한 재물의 낭비이며 인력을 수고롭게 할 뿐 죽은 혼을 구할 수 없는 것이다. 내가 숨을 거둔 열흘 뒤에는 불로 태워 장사할 것이요, 초상 치르는 절차는 애써 검소와 절약을 좇아라."라고 하심은 허례와 허식을 배척하신 선구적인 관념이라서 존경합니다.

뉘라서 감히 그럴 수 있겠습니까. 조상의 묘를 치장하느라 눈먼 자들이 있고 보면 당신은 괜한 대왕이 아니십니다. 참된 대왕大王의 존칭을 받기에 충분한 분이십니다. 신라 제30대 문무왕, 당신은 거룩 그 자체입니다.

그래도 저는 대왕이신 당신을 잘 알지는 못합니다. 천사백여 년이란 세월도 세월이려니와 당신의 마음의 넓이와 깊이를 도무지 잴 수 없기 때문입니다. 어떠한 척도로도 가늠하기 힘든 경지입니다. 그러나 바라는 대로 이루어진다는 것은 믿습니다.

대왕께선 당신의 바람대로 신라인의 마음속에 신라를 지키는 용이 되어 살아나셨습니다. 고문외정古門外庭에서의 분골은 정녕 신라인들의 정신을 한곳에 모으신 일입니다. 누구인들 감히 흉내 낼 수 있었겠습니까. 그것은 거사巨事였습니다. 대왕 당신께선 그러고도 남을 분이옵니다. 당당하신 풍채를 뵙고 보니 그 또한 더욱 그러하옵니다. 살신성인의 참뜻을 대왕께선 몸소 가르쳐주신 것입니다.

바다 가운데의 용이 되어 머무실 적에도 마음이 놓이시질 않으셨습니까. 만파식적을 아드님이신 신문왕께 전하여 주셨다니 당신의 사랑의 끝은 어디입니까. 통일된 신라가 영원히 지켜지길 원하는 마음에서 비롯된 당신의 사랑!

만파식적을 불면 적군이 물러가고 질병이 없어지며, 가뭄에는 비가 오고 홍수가 지면 비가 그치고, 바람과 물결을 잦아들게 하는 효험이 있었다지요. 태자님은 그 감사함을 바탕으로 나라 통치기반을 더욱 굳건히 하고 강화시켰다고 하옵니다. 신라 천 년의 기틀이 아니고 무엇이겠습니까.

우리는 지금 용이 되신 당신의 바다 속 처소를 대왕암이라 하옵니다. 당신은 오래도록 변함없이 그곳에서 우리를 지키고 계십니다. 이런 믿음은 길이 남아 신라를 지키는 구심점 역할을 하였습니다. 저도 이제는 당신의 존재를 확연히 믿습니다. 대왕이신 당신을 뵙고 당신의 사랑을 안 순간 저 또한 사무치는 그리움을 어찌할 수 없습니다.

이제 저는 당신을 사랑합니다. 나라를 사랑하사 동해바다의 용이 되시어 저 푸른 바다에 잠드신 대왕이시여! 온 백성이 평안하기를, 외부로부터의 침입에 나라가 무사하기를, 감은사 금당 밑의 용혈龍穴을 드나드실 적마다 기원 또 기원하셨겠지요. 신문왕께서는 부왕이신 당신, 대왕께서 변하신 용이 감은사 섬돌 아래에 서릴 수 있도록 하셨다 하니 그 효성 또한 극진하다 아니할 수 없습니다.

오랜 세월을 뛰어넘은 사랑이지만, 왕실의 법도가 있어 표현은 어떠했을까 싶지만, 부자지간의 애틋한 사랑이 느껴져 눈물이 납니다. 통일된 한 나라의 왕이기 전에 한 자식의 아비로서 사사로운 정과 죽고 산 자의 끊이지 않고 보이지도 않는 사랑은 견고합니다.

강산이 수도 없이 변한 세월을 뛰어넘어 서민인 제가 감히 참배 올립니다. 바닷물이 출렁이는 어느 곳에 당신을 묻기 싫습니다. 천오백 년 세월을 앞으로도 지나면서 그 시간 속 후손들의 가슴에 묻고 싶습니다. 오래전의 사랑과 현재의 사랑이 흘러버린 시간을 문제 삼지 말며 변치 않는 사랑으로 남아주길 원합니다.

대왕이시여! 당신의 이름은 대해大海이십니다. 이름조차 함부로 하여서는 아니될 줄로 아옵니다.

(2004. 7.)

# 3인4각 경주

올해는 설이 늦었다. 졸업 철과 맞물려 더욱 어수선하게 지나 버렸다. 우리 집도 딸이 설 연휴가 끝나는 월요일에 졸업을 해서 이번 설은 명절 같지 않게 보냈다. 더구나 새로운 출발을 앞두고 있는 딸의 원룸 정리와 기숙사 입소 등 간단하지 않은 일들이 수북이 기다리고 있다.

여러 일정을 감안하여 딸과 나는 설날 이른 아침에 기차를 타고 올라갔다. 외박을 나오는 군 복무 중인 아들과 조금이라도 함께하고 싶은 마음에 서둘렀지만 딸은 먹을 것들을 두고 가야 한다는 것과 연휴의 한가로움을 더 누리지 못하는 것을 못내 아쉬워했다.

집밥에 목말라 있는 아들을 거둬 먹이고, 좁은 데서나마 하룻밤 함께 재워 보내고, 딸의 살림을 기숙사와 집으로 보낼 것으로 나눠 싸고,

기숙사로 짐을 싣고 가 정리해 주고…. 그러는 사이 닷새의 연휴는 금세 지났다.

졸업식인 2월 23일은 월요일이었다. 식이 오후 3시 30분이어서 오전에는 짐을 마저 마무리하여 집으로 택배 발송 작업을 하면 얼추 되었다. 손바닥만 한 원룸에서 싸고 또 싸도 끝없이 나오는 자잘한 것들로 인해 나는 완전히 지쳐 있었다. 기숙사에 한 차 실어 보냈는데도 여남은 박스를 집으로 보내야 한다는 사실에 절로 한숨만 나왔다.

숨가쁜 일들이 자식의 일이 아니라면 나를 온전히 저당잡혀 가며 해낸다는 것이 가능한 일이겠는가. 자투리 시간도 아껴가며 살아가는 내 처지에 이건 이만저만한 파격이 아닐 수 없다. 자식의 일을 나의 일보다도 더 우선순위에 두는 꼴을 부정하고 싶은데도 또 어쩌지 못한다.

부모는 자신의 나이대로 사는 것이 아니라 자식의 나이에서 사는 것 같다. 아들이 지난 2월에 상병 계급을 달아서 나도 덩달아 군 생활이 조금 편해졌고, 딸이 대학을 졸업하고 막 사회에 발을 디뎠으므로 나도 이제 사회를 처음 접하고 있는 것만 같다. 나 자신은 '처음'의 설렘과 당혹감을 예전에 겪었지만 그때의 느낌은 잊히고 없다. 다만 자식들이 현재 겪고 있을 감정을 마치 내가 겪는 것처럼 생생하게 느끼고 있다.

그런 의미에서 나는 혼자서 세 인생을 동시에 살고 있는 듯하다.

자신의 삶과 자식들의 삶이 내 안에 공존한다. 그러나 처음 겪는 자신의 삶보다 자식들의 삶이 더 큰 비중을 차지한다. 물리적으로는 자식과 멀리 떨어져 있지만 어쩌면 내 안의 힘이 먼 곳까지 전해져 자식에게 파장을 일으킬지도 모른다. 자식은 자석에 끌리듯 힘을 얻어 삶의 나침반이 가리키는 대로 살아가는 것이리라.

혹자는 성년이 된 자식의 삶에 너무 깊이 개입하지 말라고 한다. 물론 나도 그 생각에 전적으로 동의하나 객관적인 수위조절이 간단하지 않다. 발등에 떨어진 나의 일만 하더라도 처리할 시간이 부족하지만 그렇다고 도움을 바라는 손길을 어쩌랴. 모른 척하면서 냉정해야만 독립시키는 것은 아니라고 생각하기에 균형을 맞추려고 분주히 좌우로 추를 옮긴다.

색깔이 다른 자식의 수가 더해짐에 따라 부모의 경험도 풍부해져 한결 성숙한 삶을 살게 되는 것은 아닐까. 자식이 하나였을 때와 둘일 때 내 삶의 폭이 다르고, 아마 셋이었다면 지금과는 또 다른 내가 되어 살고 있지 않을까 싶다. 예전의 우리 부모님은 난리에 잃은 자식 말고도 여섯을 두었으니 그때마다 새로운 삶을 경험하며 늘그막까지 다양한 세계를 접하셨을 것이다. 그것이 때로는 벅차고 힘들기도 하였겠지만 한편으로는 살아가는 힘이 되었을 것이다.

자식을 낳아 봐야 부모의 마음을 안다는 말은 밤낮으로 애쓰고 진자리 마른자리 갈아 뉘어야 하는 고달픔의 다른 표현이리라. 하나를 낳았을 때 조금 알 것 같았고, 둘을 두었을 때는 보다 눈뜨는 것 같았으나 여전히 넓게 퍼진 안개 속 같다. 부모님처럼 예닐곱 번의 삶을 살 수 없는 현실의 나로서는 무극한 마음을 과연 알았다고 할 수 있을까. 죽는 날까지도 그 깊이를 헤아리지 못할 것이다.

콧바람을 내뿜으며 야생마처럼 날뛰던 때가 있었다. 송곳 하나 꽂을 여유가 없던 밴댕이 소갈머리 같은 마음으로 세상을 재결하기도 했다. 지금도 수양이 부족한 채 천성이라고 제쳐놓은 부분이 많다. 그러나 어느 부분은 누그러지기도 하였는데, 나이 먹어가면서 별수 없어진 탓도 있지만 자식이 나의 모난 데를 다듬어 준 덕분이기도 하다. 자식은 나를 사람으로 만들어 주기 위해 내 곁으로 온 '정'이다.

나는 앞으로 병장 계급을 단 후 제대도 할 것이고, 복학하여 또 다른 세상을 꿈꿀 것이다. 또한 중환자실에서 긴장하며 밤을 새워야 하고 동료와도 부드러운 관계를 유지해야 한다. 호흡을 맞추려고 애쓰지만 3인4각의 경주처럼 세 사람의 인생은 때론 엇박자를 놓기도 할 것이다. 그러나 나를 쪼아 다듬어 주는 연장이 둘이나 있다는 것이 새삼 든든하고 다행스럽기 그지없다.

(2015. 3.)

# 아버지의 계절

아이가 영산홍 꽃잎을 하나 주워 왔다. 아파트 화단에 떨어진 것을 지나치지 않고 어미를 주겠다며 주워 온 아이의 마음이 사월의 햇살 같다. 꽃술이 없는 다홍색 꽃잎을 들여다보다가 책갈피에 넣어두었다.

그 꽃을 닮은 진달래가 그리워졌다. 우리나라 어느 곳에서나 피는 꽃이라 귀한 맛은 없지만 그래도 내 고향 양뱅이의 진달래가 최고가 아닐까 한다.

야트막한 집을 둘러싼 사방의 산에는 연분홍 물감을 뿌려 놓은 듯하였다. 꽃이 탐스럽기가 사랑하는 마음으로 부푼 가슴 같았다. 지천으로 핀 진달래꽃을 따라 들쥐처럼 쏘다녔다. 꽃잎을 따먹기도 하고 아귀가 아플 정도로 꺾어온 진달래를 장독 위에 꽂아 봄을 집안 가득 불러들이기도 하였다.

이토록 나의 봄은 충만한데 아버지에게는 코에 단내가 나는 노동이 시작되는 계절이었다. 이른 아침부터 쿰쿰한 거름을 지게발채에 가득 싣고 쇠스랑을 챙겼다. 밭을 오가며 쉴 틈이 없지만 여전히 농사일은 줄어들지 않고 있었다. 씨감자를 심어야 하고 곧 고구마 싹도 잘라다 심어야 했다.

들과 산이 꽃 천지가 되었지만 눈 돌릴 사이 없이 땅만 보고 일을 해야 했다. 놀기 좋은 때라 놀고 싶다면 놀 수야 있었겠지만 꽃 피는 철에 해야 할 농사일을 하지 않으면 한 해는 공치게 된다. 그러니 식구 여럿을 거느리는 아버지는 좋은 계절이 와도 쉴 수가 없었다.

감자의 씨눈을 따고, 거름을 적당히 배합하고, 고구마를 윗목에 묻어 싹을 내고, 마늘을 심고…. 이러한 것들을 아버지는 어디서 어떻게 배웠는지 적어두지도 않고 시기와 방법을 잘 알았다. 아버지가 하는 모든 일이 힘들어 보이지도 않고 어려움도 없어 보였다. 아버지의 손길이 닿는 대로 척척 무언가가 이루어진다고 생각했다. 어린 나는 그런 아버지가 크게만 느껴졌을 뿐 아니라 깡마른 몸과 굳게 다물고 있는 입 때문에 더 어렵게 여겨졌다.

아버지는 쓰고 난 호미를 제자리에 걸어 두지 않거나 겨우내 방 한쪽을 차지하고 있는 고구마 싹을 부러뜨리거나 했을 때 역정을 냈다. 성인이 되어서도 아버지가 자식들을 향한 잔정보다도 농사일에 더 애착을 가진 분이라고 여겼을 정도다. 여전히 말을 붙이기 어려웠고 아버지는 변함없이 과실수에 접붙이기를 하고 농작물을 수확하는데 열중하였다.

충주댐이 만들어지는 바람에 자식들 못지않게 공을 들인 땅이 물에 잠기게 되자 아버지는 도시생활을 하게 되었다. 그토록 커 보이고 당당하며 불가능이란 없을 것 같던 아버지는 작은 노인이 되어 있었다. 그래도 몸에 밴 예전의 부지런함으로 공터에 기른 푸성귀를 아이들 과자와 함께 들고 가끔씩 왔다. 아버지는 예전처럼 검고 깡말라서 여전한 줄 알았다. 그러나 어머니와 사별하고 흙마저 잃은 채 아파트에서 살던 일이 아버지를 병들게 했나 보다. 전 같았으면 당신이 뿌린 것들을 거두어들일 가을에 아버지는 가셨다.

당신이 온 생을 바쳐 일했던 밭가에 누웠으니 여한은 없겠지만 복숭아꽃이 피고 사과나무에 꽃이 피면 저 놈들 솎아내기를 해야 할 땐데, 하고는 분토가 된 몸이 근질근질할지도 모르겠다. 감자 눈은 언제 따누, 거름도 뒤집어줘야 될 텐데, 하고는 걱정이 태산일 게 뻔하다.

돌아보면 나를 이룬 절반은 아버지였다. 아버지를 어려워하면서도 은연중에 쓰고 난 호미를 제자리에 걸었고, 고구마 싹이 다치지 않게 가랑이를 넓게 벌리고 문턱을 타넘던 나였다. 조잘대지는 않았지만 씨감자를 심을 구덩이를 파고 거름을 넣고 물을 뿌린 것도 나였다. 아버지에게 사랑받기 위해 말없이 무궁히 애를 썼으면서도 정작 아버지에게 다가가지는 못했다. 그래서 아버지 생각으로 눈물을 흘릴 것이라곤 생각지도 못했다.

영산홍 꽃잎을 보며 이 좋은 계절에 왜 아버지가 살갗을 그을려가며 그토록 밭에 엎드려 살았는지를 생각한다. 효도도 제대로 못한 자식들보다는 그래도 땅이 미덥다는 것을 아셨기 때문일까. 처자식을 어깨에 메고 내려놓지 못하는 책임감 때문이라는 것을 너무 늦게 알아버렸다.

책갈피 속의 마르지 않은 영산홍 꽃잎은 혈색 좋았던 아버지의 낯빛 같다.

(2007. 4.)

# 참는다는 것

비라고 다 반가우랴. 시월에 내리는 비는, 더구나 두 가족이 한 지붕 아래에 살고 있는 이즈음에 내리는 비는 여름 한낮에 흘리는 땀처럼 집안을 끈적이게만 한다. 강더위에 낮게 엎드려 호미질을 하던 콩밭 속보다 숨이 막힌다.

많은 생각 끝에 집의 크기를 줄이기로 했다. 이내 마땅한 집을 찾았고 서로의 필요에 의해 양쪽의 집을 맞바꾸기로 생각을 모았다. 한 동네에서 살다 보니 꽤 안면이 있는 집이었다. 이사를 갈 집이 오래되어서 이참에 손을 좀 보기로 했다. 그러자면 고치는 기간 동안 그쪽에서 살던 사람들은 묵을 곳이 마땅치 않게 된다. 내가 살 집을 고치기 위해 집을 비우는 사람들을 모른 척 하기도 뭣했다. 이삿짐을 맡아 주는 서비스도 있지만 가욋돈을 쓰지 않게 하기 위해 한 달이 가까운 동안 한 지붕 아래에서 두 가족이 함께 살기로 했다. 일종의 모험이 시작되었다.

그 집의 아이는 또래에 비해 작지만 똘똘해서 깎은 참밤 같다. 그래서 나는 그 아이를 '참밤'이라고 불렀다. 참밤 엄마와 나는 각자의 살림이 단출하다고 여겼다. 두 집 살림을 합치면 불편은 하겠지만 삼칠일 정도야 어찌어찌 감내할 수 있을 것이라 했다. 하여 가져갈 우리 살림을 끌어내 한쪽으로 쌓고, 참밤네 살림을 들여와 장인이 탑을 쌓듯 야무지게 쟁였다.

정리하고 살 때는 몰랐으나 풀어헤친 살림은 상상을 뛰어넘었다. 살림을 방방이 쟁이고 너른 거실에도 높다랗게 들인 후 사람이 지나다닐 길만 내자 집안은 마치 밀림 속 같다. 우리는 오랑우탄이 된 것처럼 두어 마리씩 무리를 지어 밀림 속을 왔다 갔다 했다. 참밤과 동생도 자신들에게 벌어진 특별한 상황이 신기한 듯 일 없이 또는 장난을 치며 밀림 속을 쏘다녔다. 그 바람에 내 머릿속은 헝클어진 실타래처럼 되어 버렸다.

환경이 변하면 생태도 변한다. 한 사람이 누려야 할 최소한의 공간도 마련되지 않은 현실에 맞닥뜨리고 나니 먹고 자는 일이 가장 큰일로 다가왔다. 이 일은 어쩌면 인간이 생존하는 데에 으뜸으로 기초적이고 중요한 일이다. 그럼에도 먹고 자는 것만 최우선으로 했다가는 비웃음을 당하기 십상이다. 사람이 얼마나 단순한가. 밀림 속에서는 그 밖의 일은 순식간에 단순해졌다. 그러자 놀랍게도 사고까지 둔해졌다. 며칠이 지나자 오로지 당장 눈앞에 보이는 것만 반응할 뿐 지능이 멈춘 듯 감각이 무뎌졌다.

어느 때는 난용종 닭이 된 것 같기도 했다. 알을 낳게 할 목적으로 기르는 닭들은 좁은 공간에서 모이만 먹고 알만 계속 낳게 된다. 습관이라는 것은 편하기도 하고 불편하기도 하다. 길을 잘 들여놓으면 몸에 배인 것이 반사적으로 작용하기도 하지만 익숙하던 환경이 바뀌면 미로에서 헤매듯 얼마간은 애를 먹게 된다. 그러나 나는 참는 데에는 명수다.

엄마는 바라는 게 있어도 직설적으로 말하지 않았다. 해야 할 일이 많아 군불을 지펴야 할 손이 모자랄 때에도 "너 가서 군불 좀 때라."라고 하지 않고 "군불도 때야 하는데…."라고 하였다. 신기하게도 직접적으로 지시를 내리는 것보다 말끝을 흐리는 화법은 늘 나의 동정심을 건드렸다. 처음에는 소소한 것에서 시작을 했다. 그러다 충주에서 고등학교를 다닐 때 주말에 집에 갔더니 엄마는 여러 말 끝에 나의 약한 데를 찔렀다.

"콩밭도 매야 하는데…."

산등성이에 비스듬히 있는 콩밭은 끝이 보이지 않았다. 그리고 맨 아래 고랑과 맨 위 고랑 사이도 까마득했다. 밭가에 서서 벌어진 입을 다물지 못하는 나를 보고 엄마는 "오늘 다 하자는 거 아니다."라며 말끝을 흐렸다. 그 말에 또 반사적으로 발이 맨 아래 고랑으로 나아갔다.

호미를 들고 콩밭에 앉으면 앉은키보다 웃자란 콩잎들 덕분에 시원했다. 풀을 뽑고 북을 돋우고 돌을 골라내다가 허리를 펴기 위해 일어서고, 또 다시 앉아서 풀을 뽑고…. 콩잎들이 그늘을 만들어 주기는 했지만 흐르는 땀이 눈 속으로 들어가는 것까지 어쩌지 못했다. 이러한 반복은 광주리에 이고 온 점심을 먹은 후 이내 계속되었다. 분명히 오늘 다 하지 않아도 된다고 했지만 그것은 엄마의 빈말이라는 것을 안다. 콩밭을 매야 하는 것은 엄마의 몫이었기 때문에 오늘 다 매지 못하면 내일과 모레로 이어질 것을 알기에 투정부리지 못하고 참을 수밖에 없었다.

어찌 보면 나의 참을성은 엄마에 대한 동정에서 비롯되었는지 모른다. 겉으로는 강요와 지시에 의한 것이 아니라 자발성을 띠었지만 엄마의 은근한 고단수에 말려 결과는 늘 엄마가 바라는 대로였다. 이번에는 엄마 말에 넘어가지 말아야지 하면서도 번번이 무너졌다. 은연중에 나는 몸이 불편한 것은 참을 수 있으나 마음이 불편한 것을 참지 못하게 되었다.

참는다는 것은 충동이나 감정 따위를 억누르고 견디는 일이다. 이 말에는 힘든 것 너머에서 맞게 될 기쁨을 떠올리며 견디면 곧 긍정적인 결론에 다다를 것이라는 뜻이 함축되어 있다. 좋지 않은 결과가 나온다면 그것을 알면서도 참으라고 하지는 않을 것이기에 그렇다. 다만 기대를 가지고 인내해도 과정은 감당하기 쉽지 않은 경우가 많다.

밀림에서 세이레 동안의 모험을 끝내고 단장을 마친 집으로 분가를 한다. 나는 어찌할 바를 모를 지경이다. 누릴 수 있는 공간이 넓은 곳으로 풀려난 죄수가 된 듯 낯설기만 하다. 마음이 편치 않을 것 같아 선뜻 내렸던 결정에 대해 내내 후회하면서 오로지 빨리 벗어나기만을 갈망했던 시간들이다. 그러나 힘든 과정을 지나고서 새삼 알게 된 것은 엄마의 단련법이 아직도 나에게 효력을 미치고 있다는 사실이다.

(2013. 10.)

# 남자가 되고 싶을 때

남자가 임신을 했다고 법석이다. 영화의 소재가 되었던 것을 기억하고 있는 사람들은 또 영화 광고쯤 되는가 보다 생각했을 것이다. 콧수염과 턱수염이 거뭇하게 난 남자가 미소를 지으며 불룩 나온 배를 만지고 서 있는 사진을 보고도 믿지를 못하겠다. 분명 합성이거나 분장일 거야, 남자가 어떻게? 하지만 사연을 알고 보면 더 이상 의심을 할 수 없다. 여자로 태어났던 사람이 성전환 수술로 현재는 남자가 되었는데, 임신을 하지 못하는 아내 대신 임신을 했다는 것이다.

애초에 남과 여는 고유한 영역을 가지고 있다. 외모와 성향이 어떠하다고 한들 수정되는 순간부터 엄연히 본연의 기능을 타고 난다. 본인의 성향이 어떻든 간에 외모에서 남과 여를 가르고 그 성에 맞는 역할을 사회로부터 부여받는다.

그러나 영원불변이라고 믿었던 고유의 성도 과학과 의술의 발달로 무너지고 있다. '무늬만'으로 살지 않겠다는 자아의 성장이라고 본다. 지은 죄도 없으니 숨기지 않고 당당하게 드러내고 살겠다는 용기에 경외감을 갖는다. 하지만 외모의 변화처럼 사회적 인식도 변하면 그들이 망설일 이유가 없을 것이다. 그들을 대하는 시선은 여전히 차갑다고 한다. 사연은 다르지만 단 하루라도 여자로 살아봤으면, 남자로 살아봤으면 하는 사람이 어디 한둘이겠는가.

나도 남자가 되고 싶을 때가 있다. 한여름 무더위에 꽉 끼는 속옷을 입어야 할 때 저절로 남자들은 좋겠다는 말이 나온다. 가만히 있어도 땀이 흐르는 마당에 갖춰 입어야 할 옷이 남자보다 많은 여자 입장에서 웃통을 벗어부치고 팬티 차림으로 돌아다니는 남자를 볼 때는 약이 다 오른다.

무더운 날 달거리를 할 때는 또 어떤가. 매달 드는 돈은 고사하고 하나라도 벗어도 시원찮은데 꿉꿉한 상태로 여름을 나자면 성가신 일이 아닐 수 없다. 그럴 때는 남자의 간단한 생리현상이 부러워지기도 한다.

화장을 한 얼굴에 땀범벅이 되는 번거로움도 만만치 않다. 남자들은 덥고 땀이 흐를 때면 코끼리가 물을 뿜듯이 시원스레 세수를 하기도 한다. 땀으로 번들거리는 화장을 참아야 하는 여자의 고충은 아름다워지고 싶은 욕망을 무색하게 한다.

이런 불편 말고도 남자가 되고 싶을 때가 있다. 대중목욕탕에 갔을 때다. 대체로 휴일 낮에 가는 탓이겠지만 김이 뿌연 여탕은 발 디딜 틈이 없다. 빈자리는 많으나 찜질방에 가는 아낙네들이 목욕바구니로 영역 표시를 해 둔 것이다. 몇 번을 돌다 찜질방에 가려고 자리를 뜨는 여인에게 양해를 구하고 겨우 앉을 수 있었다.

자리를 잡는 것이 문제가 아니었다. 그러잖아도 울리는 탕 안은 성난 군중들의 집회가 열린 것처럼 소란스러웠는데, 여기저기 아이들이 칭얼대는 소리까지 더해 머릿속은 벌집을 쑤셔놓은 듯하다. 벌게진 여인이 아이를 무릎에 엎어놓고 등을 박박 밀면 아이는 불에 덴 듯이 울어댄다. 옆에서는 시커먼 땟국이 나오게 빨래를 하는 이도 있다. 지옥이 이럴까. 여인들의 수다까지 합해 아비규환이 따로 없다. 그래도 여자들은 아무렇지도 않게 열심히 때를 밀고 있다.

이럴 때는 영화 속의 영혼처럼 벽을 뚫고 남탕에 가고 싶다. 남탕에 가보지 않았으니 알 리 없지만 남탕은 조용한 절간 같지 않을까. 단지 물 흐르는 소리와 텀벙대는 소리만 들릴 것 같다. 가끔은 부자간에 오붓하게 담소를 나눌지도 모른다. 가장자리에 앉아 물소리를 들으며 몸을 씻노라면 깊은 산속 옹달샘 옆에 앉은 듯이 머리도 함께 맑아지리라.

'전쟁통'을 빠져 나오는 순간 나는 다시 아무런 생각이 없다. 그저 남자는 남자로 여자는 여자로 자신의 성역할과 처해진 상황에 맞게 살면 그만이라고 생각할 뿐이다. 아빠에게서 태어난 아이는 아빠를 아빠라고 불러야 할까, 엄마라고 불러야 할까를 고민하지 않고 단순해진다.

삼신할미가 점지해 준 고유성을 버리는 순간 혼란은 불가피할 것이다. 정체성을 좇아 외모를 바꾼다지만 살면서 남자는 남자대로 여자는 여자대로 왜 한번쯤 반대가 돼 보고 싶지 않겠는가. 바람대로 입장이 바뀌게 된다 해도 역시 또 다른 입장을 갈망하지는 않을까.

여자로서 남자가 되고 싶을 때도 있지만 여태 '나'였던 여자에 만족한다. 아침마다 거울을 들여다보며 화장을 할 때 나는 고와지는 내가 좋다. 영락없는 여자이고 싶다. '천생 여자다.'라는 소리를 듣고 싶다.

(2008. 4.)

# 선물

눈이 비가 되어 내린다는 우수다. 햇살에 봄기운이 서려 있다고는 하지만 봄을 느끼기에는 이르다. 설에 옴팡지게 내린 눈이 아직 산과 들에 희끗희끗 남아 있다. 응달에 쌓인 잔설이 몰고 오는 냉기는 녹은 얼음을 다시 얼게 할 듯이 생각보다 차다.

설날 연휴가 끝나고 내리 이틀의 시간이 더 주어졌다. 덤과 같은 시간이 생기자 마음이 넓어지는 것 같다. 인근의 오일장을 다녀왔다. 설을 쉰 지 얼마 되지 않은 후에 열린 언양장은 장사꾼들도 드문드문 하고 장을 보러 나온 사람들도 많지 않았다. 그러나 시장의 초입에 늘어놓은 묘목과 화초들이 봄이 오고 있음을 느끼게 했다.

시골의 장은 되바라지지 않은 것 같아 마음에 들었다. 미로처럼 난 길을 따라 곳곳에 볼거리가 있었다. 그것들을 찾아다니는 재미도 괜찮다. 좁은 골목을 돌아가려는데 고소한 참기름 냄새가 진하게 났다. 가게 이름도 '고소한 참기름'집이다.

기름 집 옆에서 얼굴이 검붉은 오십대 남자가 찹쌀 반죽과 수수 반죽을 번갈아 가며 번철에 지지고 있었다. 찹쌀부꾸미는 보름달처럼 둥글넓적하게 몇 장을 늘어놓았고 수수부꾸미는 안에다 팥소를 넣고 반달처럼 서너 장을 지져놓았다. 어렸을 때 먹었던 것 중에 차지면서 말랑말랑했던 수수부꾸미를 다시 먹고 싶었는데 시골 장에서 만난 것이다. 천 원을 주고 한 장 샀다.

생각지도 않은 수수부꾸미를 보자 돌아가신 어머니의 일부분을 보는 듯하다. 앞산에 소나무가 휘도록 눈이 쌓이고 입이 궁금해지면 어머니는 수수를 이고 디딜방아로 향했다. 노느라 바빴지만 어머니의 부름에 달려가 작은 온몸으로 용쓰며 방아를 찧곤 했다. 힘들게 빻은 가루를 반죽하여 화로 위의 번철에서 수수부꾸미를 지져주었다. 노릇하게 익기가 바쁘게 한참 우리 입으로 들어가고 나서야 두두룩하게 대나무 채반에 쌓을 수 있었다. 그걸 찬 광에다 두고 생각날 때마다 화로 위에 석쇠를 올려 바삭하고 말랑하게 구워먹었다.

돌이켜 보면 풍족하지는 않았지만 별 걱정이 없었던 어린 시절이었다. 부모님은 자식들 입이 다른 어떤 것들보다 무서웠겠지만 나에게 있어 그 시절은 값을 따질 수 없는 선물이라고 생각한다. 이젠 추억 속의 일이 되었지만 시간이 지날수록 점점 큰 가치로 여겨진다.

예전에 미처 깨닫지 못한 것들이 이제는 모두 선물 같다. 배를 곯지 않고 밥을 먹을 수 있는 것도 고마운 선물이고 건강에 큰 이상이 없는 것도 감사한 선물이다. 세상의 일을 속속들이 들여다보면 감사하지 않은 일이 없다. 생각지도 않은 골칫거리가 생기면 애를 태우다가도 곰곰 생각해 보면 고맙다. 닥친 문제를 해결할 수 있는 능력을 갖게 해 주는 것일 수도 있고 그것을 해결했을 때 뿌듯함을 안겨준다고 생각하기 때문이다.

과거의 모습을 되살려 놓은 영화촬영장 같은 시장을 빠져나와 후미진 모퉁이를 돌자 뻥튀기 기계를 돌리고 있는 노인이 보였다. 뻥! 소리와 함께 허연 김을 빼며 쌀이나 옥수수를 튀기는 것보다 담벼락에 걸어둔 현수막이 먼저 눈에 들어왔다. 현수막의 왼쪽에는 어르신이 젊은 시절에 군복을 입은 모습이, 오른쪽에는 양복을 단정하게 차려입은 모습이 있었다. 가운데에는 큰 글씨로 "친절은 선물이다."라고 씌어 있었고 그 밑에는 휴대전화번호도 적혀 있었다.

허리가 구부정하고 머리가 흰 어르신과 현수막을 번갈아 보면서 호기심이 생겼다. 쌀튀밥과 강냉이튀밥을 몇 뭉치 쌓아두고 파는 일은 사실 눈길을 끄는 것은 아니었다. 하지만 친절은 선물이라는 노인이 궁금하여 튀밥을 두 봉지나 골랐다. 거스름돈을 받고 그 자리에서 돌아설 때까지 어르신이 생각하는 '친절'이 무엇인지 헷갈렸다. 기대를 했기 때문에 실망을 한 것인지 모르지만 친절이라고 느낄 만한 것이 없다고 생각했기 때문이다.

그럼에도 뻥튀기 어르신의 참신한 발상이 나를 웃게 만든다. 자신이 하는 일에 긍지를 가진 사람에게서 느낄 수 있는 여유가 전해져 오는 것 같아서다. 어르신이 '선물'이라고 한 것은 특별한 것이 아님을 또 깨닫는다. 소소한 일들이 선물 같아서 봄눈을 녹일 수 있을 정도로 가슴이 데워지는 것만 같다.

(2010. 2.)

# 완경

논둑을 걷노라니 엎드려 있던 땅은 봄기운에 간지럼을 못 참겠다는 듯이 꼼지락거린다. 금방이라도 묵은 이불을 걷어차고 벌떡 일어날 기세다. 초목은 문을 열고 호흡을 가다듬고 있다. 이처럼 만물은 생동하는데 나의 계절은 거꾸로 가는 것만 같다.

딸의 성화에 못 이겨 건강검진을 하고 내려온 후 며칠 전에 결과를 받았다. 특별히 걱정할 만한 큰 질병이 없음에 감사해야 하지만 한 가지 사실에 눈길이 머물며 여러 생각이 들었다. '폐경 의심'. '폐경'과 '의심'이라는 단어의 조합이 나를 당혹스럽게 한다. 좁은 의미로 따지면 이미 십여 년 전에 수술로 인하여 몸엣것이 사라졌기에 크게 마음 쓸 일도 아니다. 하지만 의사의 검진 결과가 말하는 것은 넓은 의미의 그것을 뜻할 것이기에 느낌이 다르다.

'빈궁마마'가 되었을 때 처음에 얼마간은 묘한 상실감이 들었지만 그리 마음에 두고 살 수만도 없었다. 또한 몇 해 전부터 얼굴이 가끔 달아올라 불편해도 남들이 말하는 갱년기 증상이려니 하고 지내오던 참이다. 안면 홍조만 해도 일에 대한 의욕을 앞세우며 살다 보니 나의 문제라는 생각을 별로 할 사이 없이 지금에 이른 것이다. 일에 대한 욕심을 좀 줄이라고 주변에서 충고를 해도 귓전으로 들으며 소소한 몸의 변화에 눈감아 왔다.

그랬다가 이번에 폐경이라는 단어를 눈앞에서 보게 되자 더 이상 남의 일이 아닌 나의 일이라는 게 실감난다. 물론 남성도 갱년기 증상을 겪는다지만 여성은 폐경 이후에 가파른 신체 변화를 겪을 수 있다는 점에서 더욱 마음가짐이 달라진 것이다. 어린아이가 자랄 때 한번 크게 아프고 나면 재롱이 하나씩 는다고 하던 말이 나에게도 적용되는 것 같다. 새로운 변화를 하나씩 맞이할 때마다 정신이 들면서 나를 돌아보게 된다.

폐경이라는 것이 나만 겪는 것도 아니고 차이는 있을지라도 여인이라면 누구나 자연스럽게 지나야 하는 문이기도 하다. 더구나 요즘은 생식기능이 다했다는 의미보다는, 그래서 여성으로서의 역할이 없어졌다고 여기기보다는 과제를 마치며 완성했다는 의미로 완경이라고 불린다니 다소 위안이 된다. 대개 오십 전후의 여성들이 이 문을 통과한 후에도 인생의 삼분의 일을 더 지나야 한다면 나 역시도 그리 낙담

할 일은 아닐 듯하다.

비로소 여성으로서 아내로서 엄마로서보다 자신에 집중하는 삶을 살게 됨의 또 다른 신호일 것이다. 젊어서는 주어진 여러 역할에 충실했다면 이제는 적당히 내려놓고 하나의 개체로서 줏대를 가지고 살아갈 수 있을 테니까. 감당해야 할 새로움이 낯설기는 하지만 이런 변화는 인간이 진화해 오면서 내린 최상의 결론이 아닐까 한다. 직접보다는 간접, 열정보다는 여유, 적극보다는 관조 등으로 후손의 배경이 되어가는 단계가 아닐까 싶다.

어느 학자가 여성의 폐경을 두고 '할머니 가설'이라고 한 것은 여성의 변화를 적절하게 표현한 듯싶다. 생식을 멈추고 그 에너지로 대신 손주를 돌볼 때 오히려 최종적인 생식의 성공률이 높아진다는 이론인데, 그렇다면 나도 이제는 엄마의 역할보다는 할머니의 역할에 무게가 실린다는 의미인가. 아직은 '폐경'의 현기증에서 벗어난 단계가 아니라 다른 큰 변화인 할머니를 받아들일 수 없을 것 같지만 때가 되면 나는 또 한 번의 어지럼을 느끼며 그 사실을 받아들이지 않을 수 없는 상황을 맞게 되리라.

예전에는 나이 든 사람들의 삶의 경험과 지혜가 젊은 세대에게 가치가 있었고 생식을 완수한 여성이 우대받으며 중요한 의사결정에 참여도 했다. 하지만 정보화 시대가 되면서 그것도 옛말이 되었다. 이즈음에 맞는 몸의 변화를 퇴화로 보고 슬슬 뒤로 물러나야 된다는 사실에 마냥 우울해 할 것인가. 그렇지 않으면 삶의 과정 중의 하나로 보고 후반기 계획을 알차게 세울 것인지는 각자의 몫인 듯하다. 인생의 반환점을 훨씬 지나와 있는 시점에서 만난 이번 일은 잠시 멈춰 들메를 가다듬는 계기로 삼을 만하다.

여성성의 끝이 아니라 한 인간으로 완성되어 가는 과정에 들어섰다. 낯선 상황들을 만나 최선의 선택을 하며 나 나름의 일상을 꾸려야 할 것이다. 지금까지는 그나마 젊음이라는 덕으로 혜택을 누렸다면 이제부터는 베풂으로써 나의 존재를 자리매김해야 하지 않을까. 그중 '할머니 가설'은 내가 이후의 삶을 사는 동안에 든든한 길동무가 되어 줄 듯하다.

나에게 있어 폐경이나 완경은 인생 4막의 시작이다. 지금껏 각 막마다 펼쳐진 여러 장이 하나의 결정체가 되어 나의 삶으로 남았듯이 4막 또한 독특한 색깔로 엮어지리라. 화려한 주역보다 때로는 탄탄한 조연이 더욱 작품을 빛낼 수 있지 않던가. 나를 필요로 하는 사람들에게 화려하진 않더라도 든든한 배역이 되어 주는 것도 나쁘지 않을 것 같다. 앞으로도 5막과 6막이 펼쳐질 때 소중한 사람들의 가슴을 오랫동안 데워줄 따뜻한 기운이 되고 싶다.

(2016. 2.)

## ■ 출간을 축하하며

윤경화(수필가)

수필 쓰기는 내면의 자유를 지향하는 적극적인 행위가 아닌가 싶습니다. 그러기에 부지런해야 하고, 고통스러운 순간에도 인내하며 맑게 깨어 있어야 그 길을 갈 수 있는 것 같습니다. 쉽지 않은 일입니다. 김명숙 수필가는 삶이라는 결코 가볍지 않은 주제를 진지하고 정성스럽게 ≪종지봉≫에 담아 세상에 내놓았습니다. 작품의 면면에 어리는 작가 생의 무늬는 우리 모두의 일상이지만 흔하지 않게 향기롭고 눈이 환해집니다. 이는 작가로서 가장 보람되고 자부심을 가질 만한 일이라 여겨집니다. 향기로운 ≪종지봉≫ 출간을 진심으로 축하드립니다.

작가와는 문학으로 인연을 맺은 지 십여 년이 되었습니다. 그녀가 불혹을 갓 넘겼을 즈음의 어느 날이었던 것 같습니다. 문학 동아리에서 카메라 렌즈를 저에게 들이대던 일이 첫 대면이었습니다. 카메라 기피증이 있는 사람이지만 아담하고 맑은 그녀가 아름다워 렌즈 속에 제가 있다는 사실도 잊은 채 눈을 떼지 못했던 기억이 납니다. 그때의 인연으로 서로의 속살림까지 들여다볼 수 있는 세월을 함께해 오고 있습니다.

앞에도 잠시 언급했지만 작가의 삶은 참으로 성실하고 정성스러웠습니다. 스스로 자신을 성장시키는 일에 최선을 다하였습니다. 그래서일까요. 작품이 곧 그 사람이라는 말이 너무 잘 어울려 작가를 볼 때마다 저는 기분이 좋습니다. 세상에는 많은 인연이 있습니다. 인생이란 문장의 행간에 누군가를 위해 보물을 마련해 다가가고 있는 인연이 김명숙 작가가 아닐까 싶습니다.

그녀의 문학은 삶과 사람에 대한 성찰과 관조의 바탕 위에 집을 짓고 있다고 생각합니다. ≪종지봉≫에 담긴 작품의 면면이 그러합니다. 〈아버지의 계절〉을 통해 아버지의 삶을 조명합니다. "영산홍 꽃잎을 보며 이 좋은 계절에 왜 아버지가 살갗을 그을려가며 그토록 밭에 엎드려 살았는지를 생각한다. 효도도 제대로 못한 자식들보다는 그래도 땅이 미덥다는 것을 아셨기 때문일까. 처자식을 어깨에 메고 내려놓지 못하는 책임감 때문이라는 것을 너무 늦게 알아버렸다. 책갈피 속의 마르지 않은 영산홍 꽃잎은 혈색 좋았던 아버지의 낯빛 같다."

이는 작가 역시 '부모의 계절'을 치열하게 보내고서야 얻었을 값진 성찰이며 참된 혜안이 아닐까 싶습니다. 작품을 관통하고 있는 작가의 세계는 끊임없이 성장하고 있어 읽고 있는 저까지 커진 것 같습니다. 〈문설주〉에서도 작가의 시선은 떼었다 다는 문짝 같은 자신의 존재 근간에 문설주인 시어른의 존재를 인식하는 자기 성찰이 따릅니다. 그리고 무엇보다 ≪종지봉≫에서 드러낸 "고향에 머문 기간은 생의 오분의 일에 불과할지라도 내 정신세계의 대부분을 차지하며 나를 지탱해 주고 있다. 여러 곳에 발을 딛고 숱한 사연을 만들며 살고 있지만 고향과 어린 시절은 지금까지 나의 뿌리가 되었다."는 작가의 인식에서 건강한 창작의 근원을 확인하는 기쁨을 맛보았습니다.

김명숙 작가의 작품은 삶의 모범 답안 같아 긴장 속에 읽어 내려가다 툭 터지는 웃음을 경험하게도 합니다. 알토란같은 그녀 속에도 믿을 수 없을 만큼 어수룩한 면이 있음을 주저하지 않고 드러내기 때문입니다. 〈시간이 멎은 버스〉와 〈숙맥〉은 변화된 현대 사회가 제공하는 놀라운 서비스에 세련되게 훈련된 현대인의 맹점을 코믹하게 그리고 있습니다. 저의 허점을 알아차리기라도 한 것 같습니다. 부끄러워하기보다 빠르게 변화하는 현실을 함께 꾸려가고자 하는 용기를 갖게 합니다.

작품 〈미완〉은 작가의 인생관이 아닌가 싶습니다. "무언가를 끝낸다거나 완수한다는 말에는 생각하기에 따라 이중의 뜻이 들어 있다. 어떤 일을 '종결하다'의 뜻도 되지만 '마무리하다'거나 '끝장내다'의 뜻도 된다. 구분이 모호하지만 결국 삶의 어느 부분이라도 자신의 의지에 따라 끝맺음을 하면 그것이 남이 보기에 미완일지라도 곧 자신만의 삶이 된다는 의미다."라는 작가의 말을 미루어 짐작건대 창작은 물론 인생을 마주하는 작가의 당당한 자세가 아닌가 싶습니다.

인간의 생애 중에 누리는 기쁨은 참 많습니다. 그 여럿 중에 좋은 글을 만나는 일은 행운입니다. 거기에다 지근에서 작가 사유의 영토를 둘러보는 일은 진정 감격스러운 일입니다. 작가의 고향 '양뱅이'의 '종지봉'에서 남한강과 도전마을을 저도 함께 내려다보듯 행복했습니다. 전기가 들어오지 않는 하굣길에 경험하는 작가의 무섬증은 저에게 잊었던 15세 소녀의 감성을 일깨워주었습니다. 작가가 독자에게 줄 선물이 이런 것이 아닐까 생각합니다. ≪종지봉≫을 통해 발현되는 작가의 세계가 따스하고 향기로워 많은 사람들이 행복하기를 기대합니다.

모든 일이 처음은 조심스럽고 설렙니다. 김명숙 작가의 첫 출간하는 심정이 그런 것처럼 저의 축하하는 마음을 보태는 글쓰기도 그렇습니다. 잔치를 축하하는 일은 하객의 정성스런 마음이 으뜸이라 여기며 축하와 응원의 박수를 보냅니다.

## ■ 출간을 축하하며

김예솔(26세, 연세대학교 간호대학 졸업, 삼성서울병원 근무)

나에게 엄마는 어떤 존재였는지 그간 깊이 생각해 보지 못하고 지금에 이른 것 같다. 그러나 한마디로 정의해 본다면 엄마는 모든 일에 열심인 사람, 항상 자신을 채우기 위해 노력하는 사람이었다. 다른 사람들에 비하면 늦었다고 할 수도 있지만 학구열을 불태우고 창작에 힘쓰는 등 노력하는 엄마였다.

나는 2010년에 대학 진학을 위해 엄마를 떠나 서울로 왔다. 홀로 생활한 지 벌써 7년째다. 엄마와 함께 살았던 기억은 점점 아득해져 간다. 하지만 그동안 이따금 집에 갔을 때 접한 엄마를 떠올려 보면 항상 '글'과 함께였다. 컴퓨터 앞에 앉아 글쓰기를 고민하는 모습, 몰입하여 키보드를 두드리는 모습, 짬을 내어 수북하게 쌓인 신문들을 하나하나 읽어나가는 모습, 글 모임을 위해 다른 사람들의 글을 열심히 읽고 분석하는 모습. 엄마에게 자유시간은 거의 없어 보였다. 이런 기억들이 내가 생각하는 엄마와 글이었다.

내가 볼 때 엄마에게 글이란 엄마의 분신과 같았다. 하얀 종이 위에

까만 글씨로 표현되는 것은 엄마 안에 담겨 있는 여러 생각과 감정들로서 엄마의 모든 것이라고 해도 틀리지 않을 것이다.

엄마는 일반적인 '아줌마'와는 다르다. 다른 사람들과 커피 한잔을 하며 수다를 즐기지도 않았고 오히려 그 시간을 아까워했다. 아마 엄마에게 수다를 대신할 수 있는 수단은 글이었을 것이다. 남들과는 달리 그 시간을 통해 사색과 창작의 즐거움을 누리지 않았을까.

사실 서울로 오기 전에 엄마와 함께한 시간들이 있긴 했지만 그때의 나는 어렸기도 했고 입시에 치여 주위를 둘러볼 여유가 없어서 엄마의 마음을 헤아리긴 어려웠다. 단지 겉으로 보이는 엄마에 대해 알고 있었을 뿐이다. 떨어져 살게 된 후에는 간간이 주고받는 카카오톡 메시지와 통화가 엄마를 이해하게 되는 통로였을 뿐이었다. 대부분 그렇겠지만 타인의 내면을 알고 이해하기는 어려운 일이다. 엄마를 더 잘 알기 위해 이 책이 세상에 나오기 직전에 엄마의 글을 접하게 되었다. 엄마가 처음 글을 쓰기 시작한 때부터 최근까지의 생각들로 채워져 있었다.

"열 길 물속은 알아도 한 길 사람 속은 모른다."라는 말이 있듯이 함께 지내는 부모 자식 사이에도 속속들이 알기는 어렵다. 그렇기 때문에 엄마의 분신을 접하게 되었을 때 판도라의 상자를 여는 것처럼 두근거렸다. 속을 들여다보면서 웃음과 눈물을 보이지 않을 수 없었다. 엄마의 글은 평소 성격처럼 덤덤했지만 그 가운데에 엄마의 삶이

고스란히 들어 있었기 때문이다.

엄마의 글 소재는 유년시절, 고향, 부모님에 대한 그리움과 딸과 아들에 대한 사랑, 주변을 색다르게 바라보는 시선 등이었다. 소소한 재료들을 마음속에 꽁꽁 숨겨 놓았다가 글이라는 요리를 만들어냈다. 요리 안에 나도 담겨 있어서 좋다.

첫 수필집으로 다시 시작을 하는 엄마. 다른 사람들에 비해 늦지는 않았을까 하는 염려를 했지만 걱정을 잠재우고 행동으로 옮긴 자랑스럽고 존경하는 엄마. 이런 엄마가 나의 엄마라는 사실에 감사하다. 엄마의 글이 세상에 나오는 것을 누구보다 기쁘게 생각한다. 항상 응원하는 딸이 있다는 것이 엄마에게 힘이 되기를 바라고 또 바란다.

## ■ 출간을 축하하며

김찬희(23세, 숭실대학교 금융학부 2학년)

글을 쓰는 건 어렵다. 어렵기도 하고 사실 머리를 많이 쓰는 일이라서 노동이다. 그런데 이걸 좋아하는 사람이 우리 엄마다. 남이 쓴 글을 읽기는 쉬워도 쉽게 읽히도록 쓰는 건 엄청 힘들다. 쉽게 읽히는 글에 대한 나만의 기준이 있다. 문장이 짧아야 하고 글쓴이의 의도가 있어야 한다. 엄마 글은 내 기준에 딱 맞는다. 하지만 나는 주변에 관심을 나눠주는 데 힘이 드는 사람이라서 그동안 엄마 글조차도 눈여겨 읽지 못했다. 그러나 책이 나온다고 하여 읽어보지 않을 수 없었다.

개인적으로는 주저리주저리 써 내려간 글이 더 마음에 든다. 속에서 밖으로 꺼내진 처음의 기록이 제일 의미가 있지 않나 싶어서다. 지금까지 나는 '글쓰기'에 학교 숙제나 논술 시험 이상의 무게를 둔 적이 없어서 이럴 수 있다. 그러나 '글을 쓰는 사람' 입장에서는 그런 상태로 다듬지 않고 놔둘 수 없으니 몇 번은 더 살펴보아야 할 것이다. 글을 쓰는 엄마는 퇴고를 좋아한다. 좀 더 나은 결과를 바라서 그런 것 같다. 엄마가 글을 쓰거나 고치던 모습은 내 기억에 무수히 남아 있다.

나도 좋아하는 건 잘하고 싶고 완벽하게 하고 싶다. 좋아하는 일을 좋아하는 데 그치지 않고 결과물을 만들어낸다는 게 얼마나 어려운지 나는 시도조차 해 보지 않아서 감이 잡히지 않는다. 그런데 엄마가 책을 낸다고 하니 그동안 글과 씨름했을 시간들이 떠오른다. 내가 글을 쓴 것도, 책을 내는 것도 아니지만 느낌이 오묘하다. 감동적이라는 표현은 가식적이라 쓰고 싶지 않다. 축하할 일이지 내가 감동을 받아야 할 이유는 없어 보여서다. 하지만 진심으로 축하해 주고 싶은 일임은 분명하다.

엄마가 책을 내기까지를 지켜보는 것은 무언가를 정말 좋아해서 열심히 하고 꾸준한 노력으로 결과물을 만들어내는 과정을 가장 가까이서 접하는 경험이다. 그래서 내게 더 의미 있는 일이다. 축하한다는 말은 따로 하겠지만 이런 글로써 축하의 뜻을 담아 전하는 것도 나름 멋있는 것 같다.

엄마가 처음 책을 내는 데 이렇게나마 글을 쓸 수 있게 키워 준 것부터 정성과 노력을 기울이며 살아야 한다는 사실을 몸소 보여준 것까지 감사하다. 함께 오랫동안 열렬히 행복하게 살았으면 좋겠다.

김명숙 수필집

# 종지봉

**인쇄** 2016년 8월 26일
**발행** 2016년 9월 1일

**지은이** 김명숙
**발행인** 서정환
**펴낸곳** 수필과비평사
**주소** 서울시 종로구 삼일대로 32길 36(익선동 30-6 운현신화타워 빌딩) 305호
**전화** (02) 3675-3885, (063) 275-4000 · 0484
**팩스** (063) 274-3131
**이메일** sina321@hanmail.net essay321@hanmail.net
**출판등록** 제300-2013-133호
**인쇄 · 제본** 신아출판사



ISBN 979-11-5933-041-4 03810

**값 15,000원**

이 도서의 국립중앙도서관 출판예정도서목록(CIP)은 서지정보유통지원시스템 홈페이지(http://seoji.nl.go.kr)와 국가자료공동목록시스템(http://www.nl.go.kr/kolisnet)에서 이용하실 수 있습니다.(CIP제어번호: CIP2016020124)

Printed in KOREA